직장인
자기혁명
공부법

직장인
자기혁명
공부법

장계수 지음

나는 공부한다, 고로 존재한다

나래북

배움이 있는 하루가

배움이 없는 기나긴 인생보다 낫다

인생을 지속 가능하게
만드는 건 공부다

사실 나는 공부에 별로 관심이 없었다. 30대 초반까지는 퇴근 후에
어울려서 당구를 치거나 간단하게 술을 마시는 것이 즐거움이었다. 그냥
그렇게 평범하게 사는 것이 좋았다. 그리고 편했다. 정말 치열하게 아
침·저녁으로 영어학원에 다니거나 대학원 공부에 열을 올리는 모습을
볼 때면 겉으로는 대단하다고 느끼면서도 속으로는 참 피곤하게 산다고
생각했다.

요즘은 직원들의 복지 차원에서 자기계발비를 지원하는 회사들이 많
아지고 있다. 학원비와 도서구매비를 지원해주기도 한다. 하지만 그런
제도가 있다고 해서 모든 직원이 적극적으로 그것을 활용하는지는 의문
이다. 내가 속한 회사에도 훌륭한 교육비지원 프로그램이 있다. 하지만

우리 부서에서는 그것을 잘 활용해서 학교나 학원에 다니는 직원들이 많지 않다. 타 부서에서는 상대적으로 그 제도를 잘 활용하는 직원들이 많아서 몇 년 후 그들은 우리 부서 직원들보다 빠른 승진으로 보상을 받을게 분명하다. 대부분의 회사가 이런 제도를 제공하는 이유는 임직원이 개인적으로 꾸준히 성장해야 회사도 성장할 수 있기 때문이다. 그것을 의무가 아니라고 실천하지 않는다면 언젠가는 반드시 후회할 일이 생긴다.

『회사가 붙잡는 사람들의 1% 비밀』에는 다음과 같은 내용이 있다.

직장생활 10년을 넘어서면 직장인의 커리어는 중대한 전기를 맞이하게 된다. 지난 10년 동안 자신이 닦아온 길에 의해 앞으로 내가 어디까지 올라갈 수 있을지는 이미 정해져 있다. 당연히 나에 대한 회사의 판단도 거의 끝나 있다. 이때 최소한 20년을 내다보고 경력 지도를 꺼내 들어야 한다.

직장인으로서 절정에 오른 10년 차들은 대부분 30대 중반에서 40대 초반의 시기를 보내고 있을 것이다. 이 시기를 제대로 보내야 인생의 후반부를 탄탄하고 걱정 없이 보낼 수 있다. 그래서 하루하루가 더욱 소중하다.

'내가 어디까지 올라갈 수 있을지가 이미 정해져 있고 회사의 판단도 거의 끝났다'는 말은 절망적으로 들린다. 하지만 '거의 끝났다'라는 말에 아직 희망은 있다. 나에 대한 회사의 판단을 뒤집을 수 있는 것은 나에 대한 평판이다. 실력은 기본으로 있어야 한다. 그리고 그 위에 좋은 평판이 더해진다면 회사는 다시 판단하게 된다.

지금까지 쌓아 온 평판이 나쁘다고 기죽을 필요는 없다. 처음부터 다시 시작하면 된다. 오히려 평판이 나빴던 사람이 좋아지면 그것은 앞으로 남은 회사생활에 더욱 힘을 발휘할 것이다. 평판을 좋게 만들기 위해서 같이 어울려 술 마시고 노래하는 것도 좋지만, 그것은 적당히 하고 꾸준하고 치열하게 자기계발 하고 공부하는 모습을 보이는 것이 좋다.

성공은 남는 시간을 어떻게 쓰느냐에 달려 있다. 출근 전 시간이든, 출근 후 시간이든 하루에 두 시간 정도의 시간을 오직 나만을 위한 시간으로 만들어서 공부하는 노력이 필요하다. 그런 노력이 쌓이면 정말 여가만 즐긴 직장인들과는 분명히 다르게 성장해 가고 있는 자신의 모습을 볼 수 있을 것이다. 몇 년 후 그 틈은 정말 크게 벌어진다.

보통 사람들이 성공하지 못하는 이유는 성공하기에는 자신이 모자란다고 생각하기 때문이다. 그것은 지금까지 살면서 성공의 경험보다 실패의 경험이 더욱 많았기 때문이고 그렇게 생각하는 것이 습관화가 되었기 때문이다. 우리는 모두 인생이라는 바다를 항해하는 배다. 누구나 거친 바람과 거센 파도가 없는 순조로운 항해를 원하지만, 그것을 피해갈 수는 없다. 그것들이 다가오면 맞서야 한다. 자신감 있고 당당하게 맞서야 한다.

그것을 가능하게 해주는 것이 공부다. 언제까지나 공부에 대한 열정을 간직한다면 우리는 지속해서 성장하면서 꿈꾸는 삶을 살 수 있다. 공부하는 열정이 습관화가 되면 삶이 신난다.

부족하고 모자란 이 책을 선택한 여러분은 분명 지속적으로 배움에 힘쓰고 공부하고 있는 사람일 것이다. 하고 싶은 공부를 한다는 것은 직장인, 사회인의 특권이다. 이 특권으로 하기 싫으면 그만둘 수도 있고 다른 공부를 찾아서 해도 된다. 학교에 다닐 때는 짜진 시간표 대로 적성에 안 맞는 과목도 공부해야 했지만 이제 더 이상은 아니다. 우리는 이 특권을 잘 활용해야 한다.

얼마 전 타계한 싱가포르 건국의 아버지라고 불리는 리콴유는 이런 말을 남겼다. "내게 삶의 의미는 내가 하고 싶은 일을 했다는 데 있다. 그 일을 있는 힘을 다해 했기 때문에 매우 만족스럽고 여한이 없다."

세상은 끊임없이 변화하고 있고 지식과 정보의 양은 점점 많아지고 있다. 세상의 모든 지식을 공부하는 것은 불가능하다. 한 개인이 평생을 살면서 공부할 수 있는 것은 우주적인 관점에서 보면 우주의 얕은 지식일지도 모른다. 그래서 현명하게 선택적으로 정말 내가 하고 싶은 공부를 먼저 찾는 것이 중요하다. 이 책이 그 공부를 찾는데 자극이 되었으면 좋겠다. 그리고 그런 공부를 통해서 하고 싶은 일을 있는 힘껏 다하면서 행복하게 사는 우리가 되었으면 좋겠다.

2015년 5월 북한산이 보이는 서재에서

장계수

배움이 있는 하루가 배움이 없는 기나긴 인생보다 낫다.

– 쿠바 속담

contents

CHAPTER 4

남은 인생을 걸고 공부에 도전하라

CHAPTER 5

공부, 상상과 현실을 이어주는 도구

CHAPTER 1

직장인에게
공부는 꼭 필요한가?

01
인생은
공평하지 않다

세상에는 두 부류의 사람들이 존재한다. 바로 부유한 사람과 가난한 사람이다. 지금 당장 당신의 머릿속에 떠오르는 부자는 누구인가? 평소 세계부자들의 순위에 관심을 두고 살았다면 빌 게이츠나 워런 버핏이 가장 먼저 떠올랐을 것이다. 블룸버그통신이 최근 발표한 자료에 따르면 빌 게이츠 마이크로소프트 창업자 겸 기술 고문은 2013년 기준으로 총 785억 달러의 재산총액을 보유한 것으로 밝혀졌다. 이는 원화로 환산했을 때 83조 원 정도로 일반인들은 상상하기조차 힘든 금액이다.

빌 게이츠의 수입을 초 단위로 계산한 흥미로운 이야기가 있다. 그가 마이크로 소프트를 설립한 이후 하루 근무시간을 14시간으로 가정을 하고 계산한 것이다. 참고로 성공한 부자들의 하루 평균 근무시간은 18시간이라고 한다. 어쨌든 빌 게이츠가 1초에 벌어들이는 수입은 150달러이다. 1분간 벌어들이는 수입은 9,000달러이며, 시간당 수입은 540,000달러이다. 따라서 아침 출근길에 100달러 지폐가 떨어졌다면 지폐를 줍는데 시간을 들이는 것이 빌 게이츠에게는 더욱 손해라는 이야기다. 빌 게이츠는 시간당 람보르기니를 한 대씩 살 수 있는 능력의 소유자다.

빌 게이츠처럼 돈을 벌려면 어떤 노력을 해야 하는지에 대한 흥미로운 이야기도 있다. 첫째, PC방에서 172억 5,925시간 아르바이트하기. 둘째, 대기업에 취직해서 153만 3,300시간 일하기. 셋째, 우리나라 30대 중반 회사원 312만 명이 1년 동안 번 돈 빼앗기. 넷째, 로또 복권에 연속 23,300번 1등 당첨되기. 다섯째, 우리나라 전체 예산의 1/3 빼돌리기. 이 중에서 가장 공감 가는 계산법은 30대 중반 회사원을 등장시킨 계산법이다. 30대 중반 회사원 312만 명의 1년 연봉의 합계가 빌 게이츠의 재산이라니 정말 어마어마한 재력이 아닐 수 없다.

빌 게이츠의 재산을 탕진하는 방법에 관한 이야기도 있어서 소개한다. 첫째, 신라면을 우리나라 국민에게 1인당 52만 개씩 준다. 둘째, 스타벅스 커피 105억 4,540잔을 마신다. 셋째, 타워팰리스 펜트하우스 17,660여 채를 산다. 넷째, 힐튼호텔 최고급 객실에서 1만 4886년 동안 숙박한다. 다섯째, 엔초페라리 27,411대를 산다. 여섯째, 1만2천 원짜리 책을 38억 8,300만 권을 구매한다. 일곱째, 전국 이마트에 진열된 모든 상품을 9년간 싹쓸이한다. 이상 7가지다. 빌 게이츠의 재산을 탕진시키고 싶은 마음은 충분히 공감한다.

하지만 빌 게이츠는 부인인 멜린다 게이츠와 함께 2000년에 빌 & 멜린다 게이츠 재단을 설립하였고 아름다운 나눔을 실천하고 있다. 이들 부부의 재단은 민간 재단 중 세계에서 가장 규모가 크다. 시애틀에 본부를 둔 이 재단의 운영에 대한 주요 결정은 빌 게이츠, 멜린다 게이츠 그리고 워런 버핏 이 세 명의 이사에 의해서 내려진다. 빌 게이츠는 재단을 통해서 저개발국의 질병 퇴치와 빈곤 퇴치 사업에 30조 원이 넘는 금액을 지원하는 등 모범적인 부자의 모습을 보인다.

지금 이 책을 읽고 있는 당신은 빌 게이츠와 자신의 인생을 비교했을 때 인생은 공평하지 않다고 생각하고 있을 것이다. 사실 인생이란 세상에 태어난 그 순간부터 각자 출발선이 다른 불공평한 게임이다. 인생의 불공평함에 대해서는 빌 게이츠도 한마디를 했다. "세상이 불공평하다는 것을 받아들여라.", "인생은 절대 공평하지 않다. 이 사실에 익숙해져라."라고 했다. 세계 제일의 거지가 아닌 세계 제일의 부자가 하는 이 말을 분명히 명심하기 바란다. 빌 게이츠의 명언들은 고등학교나 대학생 혹은 사회 초년생들에게 자극을 주기 위해서 주로 인용되지만 사실 영혼 없이 직장 생활을 하는 10년 차 이상의 직장인들이 더욱 새겨들어야 할 말이다.

빌 게이츠는 '기술 고문'이란 직책으로 다시 현업에 복귀했다. 그가 경영에서 물러난 지 5년 만이다. 지난 2000년 CEO직을 스티브 발머에게 넘기고 2008년 상근 임원직을 그만두면서 은퇴한 후 5년 만의 복귀다. 그는 새롭게 맡은 직책에서 최고경영자의 조언자 역할과 MS의 소프트웨어들이 지금보다 훨씬 더 다양한 기기들에서 원활하게 작동할 수 있도록 돕겠다고 말했다. 스티브 잡스가 꺼져 가는 애플을 살리기 위해서 다시 돌아왔던 것처럼 빌 게이츠도 꺼져 가는 MS를 구원하기 위해서 다시 돌아온 것이다.

빌 게이츠는 1975년 하버드를 중퇴한 뒤 자본금 1,500달러로 마이크로 소프트를 설립했다. 그 당시 그의 나이가 19살이었다. 1983년 윈도우를 출시하였으며 1995년에 '윈도우95'가 출시된 지 나흘 만에 전 세계적으로 100만 개 이상 팔리면서 큰 성공을 거두었다. 빌 게이츠는 하버드 재학 시절부터 개인용 컴퓨터의 미래를 통찰력과 믿음으로 선명하게 인지하고 있었다. 하지만 그가 승승장구만 했던 것은 아니다. 그 또한 여러 번 실패의 경험을 했다. 오메가라고 하는 데이터베이스 프로그램의 실패, 수많은 돈과 시간을 투자한 IBM과의 운영체제 프로그램의 중단, 진보된 개념의 스프레드시트를 제작하려던 프로젝트의 실패 등이 그것이다. 그리고 '기술고문'으로 MS에 복귀한 첫날 윈도우 8.1을 설치하느라 하루를 소비했다. 왜냐하면, 윈도우 8.1의 오류로 인하여 설치를 할수 없었기 때문이다.

위에서도 언급했지만, 그의 시급은 엄청나게 높다. 따라서 그가 하루를 소비했다는 것은 생신하는 부의 가치가 일반인과는 현격히 다르므로 실패의 가격 또한 엄청나게 비싸다. 빌 게이츠는 결국 이전 모델인 윈도우 7을 쓰는 것으로 문제를 해결했다고 한다. 복귀 후 첫날의 시작이 매끄럽지 못했지만, 지금까지 그가 걸어온 행보와 같이 그는 실패를 학습의 기회로 삼으면서 다양한 성공을 이끌어내며 세상에 도움을 줄 것이다.

실패를 실패 자체로만 보고 그것을 자산화하지 못한다면 우리의 인생은 불공평함 속에서 벗어나지 못할 것이다. 세계 1위 부자인 빌 게이츠도 계속해서 실패한다. 하지만 그는 계속해서 실패를 통해서 배우고 성장한다. 빌 게이츠의 재산을 부러워하기 이전에 그의 도전정신과 실패에서 학습하는 능력을 배워야 한다. 이 두 가지를 가지게 된다면 불공평한 인생이라고 투덜거리던 내 모습은 어느덧 공평한 인생이 될 수도 있겠다는 희망적인 모습으로 변해 갈 것이다.

우리는 지금 빌 게이츠가 19살에 내다본 미래에 살고 있다. 언제 어디서든 흔하게 컴퓨터를 볼 수 있고 사용할 수 있으며 대부분의 OS는 마이크로 소프트의 상품들이다. 지구상에서 가장 돈이 많다는 것은 결코 우연이 아니다. 부자가 되어 풍요롭고 여유 있는 인생을 살고 싶다면, 무엇보다 원대한 생각과 원대한 꿈을 품고 살아야 한다. 그렇지 않으면 인생은 영원히 불공평한 상태로 남을 것이다.

삶에서 질적인 변화를 이루고 싶다면 먼저 의식을 바꿔야 한다. 내면 의식을 바꿔서 인생의 새로운 비전을 만들어야 한다. 빌 게이츠가 "모든 가정에 컴퓨터 한 대씩을"이라는 비전을 설립한 것처럼 가슴을 뛰게 하는 한 문장으로 된 비전을 종이에 적어 보기 바란다. 종이에 적힌 그 한 문장이 앞으로 남은 인생을 불공평의 늪에서 해방시키는 씨앗이 될 것이다. 우리 안에는 무한한 가능성이 존재한다. 그리고 그것을 작동시키는 데 필요한 것이 바로 '공부' 다. 빌 게이츠가 마냥 부럽고 하루하루 인생이 불공평하다고 느낀다면 이 책을 끝까지 읽기 바란다.

02
공부의 결과가
지금 나의 인생이다

평소 TV 보는 것을 좋아하지 않지만, 우연히 「SBS의 작심 1만 시간」 이라는 프로그램을 보게 되었다. 이 프로그램은 말콤 글래드웰의 저서 『아웃라이어』에서 영감을 받아 제작된 것 같다. 방송에서는 연예인으로 동방신기의 유노윤호, 엑소의 카이 등 노력파 아이돌을 소개했고, 일반 인으로는 공고 출신 미술해설가 윤운중 씨, 61세 몸짱 교수님인 서울대 흉부외과 김원곤 교수를 소개했다. 개인적으로 김원곤 교수가 가장 인상 적이었다. 방송에서 김원곤 교수가 소개해준 '어느 95세 노인의 수기'는 많은 생각을 하게 만들었다.

어느 95세 노인의 수기

나는 젊었을 때 정말 열심히 일했습니다.
그 결과 나는 실력을 인정받았고 존경을 받았습니다.
그 덕에 65세 때 당당한 은퇴를 할 수 있었죠.
그런 내가 30년 후인 95세 생일 때
얼마나 후회의 눈물을 흘렸는지 모릅니다.

내 65년 생애는 자랑스럽고 떳떳했지만,
이후 30년의 삶은 부끄럽고 후회되고 비통한 삶이었습니다.

나는 퇴직 후 '이제 다 살았다, 남은 인생은 그냥 덤' 이라는 생각으로
그저 고통 없이 죽기만을 기다렸습니다.
덧없고 희망이 없는 삶….
그런 삶을 무려 30년이나 살았습니다.

30년의 시간은 지금 내 나이 95세로 보면….
3분의 1에 해당하는 기나긴 시간입니다.

만일 내가 퇴직할 때
앞으로 30년을 더 살 수 있다고 생각했다면
난 정말 그렇게 살지는 않았을 것입니다.

그때 나 스스로가 늙었다고,

뭔가를 시작하기엔 늦었다고

생각했던 것이 큰 잘못이었습니다.

나는 지금 95세이지만 정신이 또렷합니다.

앞으로 10년, 20년을 더 살지 모릅니다.

이제 나는 하고 싶었던 어학 공부를

시작하려 합니다.

그 이유는 단 한 가지….

10년 후 맞이하게 될 105번째 생일 날

95세 때 왜 아무것도 시작하지 않았는지 후회하지 않기 위해서입니다.

95세 노인이 뭔가를 시작하기에 늦은 나이는 없다는 충고와 함께 공부의 소중함을 일깨워 주는 내용이다. 10년 차 직장인이면 주변에 은퇴를 앞둔 분들을 한두 명씩은 알고 있을 것이다. 은퇴 후에 그분들이 축배를 들면서 새로운 인생을 시작할지 아니면 소주잔을 들면서 후회를 반복하는 삶을 살지 궁금하지 않은가?

성공하는 사람들은 타고난 천재인 경우도 있지만, 대부분은 부지런하고 끈기있는 노력파다. 하루에 3시간씩 10년을 투자한다면 1만 시간이 된다. 그렇게 쌓인 1만 시간은 우리가 목표로 하는 것을 달성할 수 있게 해준다. 그리고 1만 시간을 통해 누구나 자기 분야에서 프로가 될 수 있다. 이것이 말콤 글래드웰이 『아웃라이어』에서 말한 '1만 시간의 법칙'이다. 1만 시간의 법칙이 제대로 작용하기 위해서는 기회와 환경적인 요소도 함께 결합하여야 하지만 중요한 것은 간절히 원하는 것을 마음에 품는 것이고, 그것을 실행하는 실행력이 뒷받침되어야 한다.

95세 노인도 10년 후 맞이하는 생일에 후회하지 않기 위해서 어학공부를 하고 싶다고 한다. 10년 후 후회하지 않는 삶을 위해서 지금부터라도 하고 싶은 공부를 시작해야 한다. 지금 나의 인생은 지금까지 내가 한 공부의 결과다. 그렇지 않은가? 공부하는 인간에게 은퇴 후 남은 인생은 짐이 아니라 덤이다. 하늘이 준 선물이다.

1979년 미국 오하이오 주 신문광고에 다음과 같은 내용이 광고가 실렸다.

무료한 일상탈출, 활기찬 노년!

지원자격: 70대 후반 80대 초반 남성
하는 일: 6박 7일 여행을 하며 추억에 대한 심오한 토론
회비: 없음(소정의 활동료 지급)
혜택: 모든 여행 경비 무료

모집절차는 1차 서류, 2차 면접, 3차 신체검사로 진행되었다. 높은 경쟁률을 뚫고 선발된 노인 8명은 서 있기도 힘들어 보이는 상태였다. 그

들은 낡은 버스에 함께 올라 어느 시골의 외딴 수도원에 도착했다. 6박 7일 동안 2가지 규칙만 지키면 모든 것이 자유였다. 그 규칙이란 첫째, 20년 전인 1959년으로 돌아가서 생활하는 것이었다. 정치, 경제, 사회, 스포츠 등을 현재형으로 이야기하고 매일 밤 1959년의 TV프로를 시청하고 영화를 감상해야 했다. 둘째, 청소, 설거지 등 집안일을 직접 할 것이었다. 노인들은 몸을 가누기 힘들고 오래 서 있기가 불편하더라도 그 두 가지는 직접해야 했다.

20년 전으로 돌아가서 TV프로를 통해 좋아하는 팀의 야구경기도 다시 보고 마릴린 먼로의 히트작도 다시 보면서 즐거워하던 노인들 중에는 청소와 설거지가 힘들어서 그만두려 했다. 하지만 '그만둘 거면 당장 집으로 돌아가라'는 담당자의 말에 꾹 참으며 모두 6박 7일의 생활을 버텼다.

그렇게 하루, 이틀, 사흘이 지나면서 노인들은 20년 전의 삶에 익숙해져서 자발적으로 청소도 하고 설거지도 하면서 조금씩 활기차게 지내게 되었다. 7일째 되던 날 담당자는 이것이 실험이었다는 사실을 알려줬다. 7일동안 진행된 이 실험은 하버드 대학교 심리학과 엘렌 랭어 교수의 '시계 거꾸로 돌리기 연구' 였다. 실험의 결과 참가한 8명의 노인 모두 시력, 청력, 기억력, 지능 등이 50대 수준으로 향상된 것으로 밝혀졌다.

우리가 명심해야 할 사실은 단 하나다. 나이는 숫자에 불과하다는 것이다. 나이에는 두 가지 나이가 있다. 육체의 나이와 정신의 나이다. 육체의 나이를 정신이 따라가게 하지 말고 정신의 나이를 육체가 따라가게 하여야 한다. 하버드 대학의 실험에서 검증된 바와 같이 육체의 나이는 정신의 나이에 의해서 충분히 극복될 수 있다. 무기력한 일상에 활력을 주고 정신의 나이를 젊게 만드는 것이 바로 공부다.

괴테는 "세상 사람들은 현명해지려면 나이를 먹어야 한다고 입버릇처럼 말하지만, 사실 사람은 나이가 들면 두뇌가 나빠지므로 예전과 같이 현명함을 유지하기란 매우 어렵다."고 말했다. 나이를 먹었다고 저절로 현명해지지는 않는다. 나이를 먹는 두려움에서 벗어나고 나이를 먹을수록 현명해지고 싶다면 공부가 답이다. 95세 노인의 수기 주인공이 되고 싶지 않다면 공부해야 한다. 앞으로 더 나은 내일과 인생을 꿈꾸고 있다면 공부가 답이다. 공부에는 20년 이상을 젊게 살 수 있게 만들어 주는 힘이 있다.

03
진정한 프로는
공부로 만들어진다

2003년 10월, 한 젊은 경영인이 짧은 경영에세이를 지인들에게 이메일로 보내기 시작했다. 이메일에는 주옥같은 명언들과 함께 짧은 해석이 담겨있다. 메일의 제목은 '행복한 경영이야기'이고 줄여서 '행경'이라고도 한다. 처음 수십 명만 받아보던 행경은 10년이 넘게 지난 지금 186만 명이 받아보고 있다. 나도 그 중 한 명이다. 업무 시작 전 커피 한 잔과 함께 행경을 읽고 음미하는 시간은 의미 있고 소중한 시간으로 자리잡았다. 매일 아침 행경을 읽을 때마다 참 대단하다는 생각을 한다. 어떻게 하면 하루도 빠짐없이 좋은 문장들을 준비해서 메일을 보낼 수 있는지 정말 궁금했다.

하루도 빠짐없이 10년 이상 행경을 준비하고 발송하는 주인공은 휴넷 조영탁 대표다. 그는 온라인 경영교육 콘텐츠 제공업체인 휴넷을 운영하는 기업인이다. 대학과 대학원에서 경영학을 전공한 뒤 10년 동안 금호그룹 기획실에서 근무했다. 외환위기 직후 회사를 나와 닷컴 열풍이 한창이던 1999년 휴넷을 설립했다. 직원 서너 명으로 시작한 회사는 이제 매출 175억 원의 중견기업으로 당당하게 성장했다.

조영탁 대표는 좋은 명언을 찾기 위해서 1년에 300권씩 2,500권을 읽었다고 한다. 1년에 300권이라니 정말 대단하다. 보통 일반 직장인들은 한 달에 한 권 읽기도 쉽지 않다. 그는 책을 읽는 한편으로 좋은 글귀나 문구를 따로 메모했다. 그렇게 메모해둔 종이가 1주일에 400페이지가 넘는다고 한다. 이렇게 걸러지고 걸러져서 선택된 문장들이 메일 전송용으로 정리되어 아침마다 하나씩 이메일로 배달되는 것이다.

2004년부터 메일을 받아 온 강영중 대교 회장은 휴넷과 제휴사업을 진행했고, 윤영두 아시아나항공 사장은 임직원 1만 명에게 행경을 추천하기도 했다. 조영탁 대표는 "1000년 유대인의 지혜가 모인 탈무드 같은 교육프로그램을 만들어 보는 것도 장기적인 목표"라고 말했다.

여기 휴넷에서 발표한 흥미로운 조사결과가 있다. 직장인들이 자기계발에 얼마나 관심이 있는지를 보여주는 자료다. 휴넷이 2014년 직장인 1,239명을 대상으로 조사한 결과, 전체의 86.1%가 학습계획이 있는 것으로 나타났다. 학습목적은 교양과 힐링이 강세를 보였으며 업무역량 강화의 비중도 높아졌다. 자기계발을 위한 교육비 지출 계획은 절반 정도인 49.9%가 '작년과 비슷한 수준으로 유지하겠다'고 답했으며 44.1%는

'지출을 늘리겠다' 고 답했다. 휴넷 조영탁 대표는 "급변하는 환경에 적응하기 위한 직장인들의 스트레스를 반증하는 결과"라며 "학습을 스트레스가 아닌 자기 자신을 위한 힐링시간으로 사용하고자 하는 직장인들의 심리를 엿볼 수 있었다."고 전했다.

10년 차 이상의 직장인들이 이 설문조사에서 몇 %를 차지하는지는 모르겠지만, 자기계발을 위한 학습을 힐링시간으로 사용하고자 하는 추세는 바람직한 현상이다. 직장인들의 공부는 관련 자격증이나 외국어 공부에 한정되는 경우가 많다. 하지만 그런 공부는 참된 공부라기보다는 업무를 더 잘 하기 위한 기본기 쌓기 정도라고 보는 것이 좋다. 자기계발은 조사결과에서도 알 수 있듯이 누구나가 관심을 가지고 하고 있다. 따라서 나를 차별화 시키기에는 역부족이다. 참된 공부는 힐링도 되면서 우리에게 상상력도 선사하고 창의력을 무한대로 확장해 주는 공부다. 그런 공부로 내공이 쌓인 직장인이 진정한 프로가 될 수 있다.

여행이나 출장으로 해외에 다니다 보면 마일리지가 쌓인다. 누적된 마일리지가 많은 만큼 분명 추억도 많을 것이다. 하지만 추억을 빛바랜 추억으로 만드느냐 빛나는 추억으로 만드느냐도 공부를 통해서 달라진다. 어디를 가든지 호기심을 갖고 관찰하고 궁금한 것은 파고들어 공부한다면 언젠가는 나만의 독특한 콘텐츠가 만들어진다. 독특한 콘텐츠를 가진 나는 하나의 브랜드가 된다.

2012년 레드캡 투어는 국내 1위 여행사인 하나투어를 제치고 영업이익 293억 원으로 창사 이래 최대실적을 올렸다. 레드캡 투어는 여행업계에서는 보기 드물게 품질보증제와 가이드서비스 평가제를 도입하여 운영하고 있다. 레트캡투어를 경영하는 주인공은 바로 심재혁 대표다. 그는 1970년대 LG상사에 입사한 후 전 세계를 돌아다니며 세일즈를 했다.

그의 취미는 해외에 나갈 때마다 현지의 음식과 술을 맛보는 것이었다. 거기에서 더 나아가 술의 역사와 종류 그리고 술잔 모양까지 공부했다. 그는 보통의 주당들과는 달리 술을 마시는 것을 넘어서 연구를 한 것이다. 폭탄주를 나쁜 술 문화라고 여기는 사람들도 있지만 심 대표의 생각은 다르다. 심 대표는 폭탄주가 훌륭한 소통의 수단이라고 한다. 가끔 직원들과의 회식자리에서도 직접 폭탄주를 선보이는 그에게 폭탄주는 마음의 벽을 허무는 착한 폭탄이다. 그는 술이라는 생활 속 소재로 자신만의 독창적인 브랜드를 만들었다. 즉석 폭탄주 제조와 퍼포먼스는 입소문을 타서 이제는 강연까지 하고 다닌다.

온갖 와인을 섭렵한 그는 2007년 6월 프랑스 보르도와인 연합회에서 수여하는 '코망드리 와인기사 작위(Commanderie du Bontemps de Medoc et des Graves)'도 받았다. 이 작위는 보르도 지역의 와인 발전에 현저하게 기여한 세계 각국의 전문가와 명사들에게 수여되는 가장 명예로운 기사 호칭이다.

그의 시장실 책장에는 절반 이상이 술과 관련된 각종 책으로 빼곡하게 들어차 있다고 한다. 대부분은 국내외에서 직접 산 것들이고, 술에 남다른 관심이 있는 그에게 지인들이 선물한 것들이다. 그가 책을 모으는 이유는 술 강의에 사용할 자료를 모으기 위해서이기도 하고 은퇴 후 책으로 펴낼 계획을 하고 있기 때문이기도 하다. 술박사 심재혁 대표. 세상은 그를 술을 잘 알고 폭탄주를 가장 잘 만드는 술박사로 기억할 것이다.

좋은 명언을 찾기 위해서 1년에 책을 300권씩 읽고 메모하는 휴넷 조영탁 대표와 술에 대한 관심과 사랑을 연구로 승화시킨 레드캡 투어 심재혁 대표. 이 두 대표는 젊었을 때 재테크에 열을 올리지는 않았을 거라는 생각이 든다. 한 분은 좋아하는 책을 사서 읽기 위해서 월급을 아낌없이 투자했을 것이고, 한 분은 좋아하는 술을 마시고 연구하기 위해서 월급을 아낌없이 투자했을 것이다.

현재 당신이 20대이거나 30대라면 재테크에 열을 올리기 위해서 주식이나 펀드에 투자하는 것보다는 자기 자신을 위한 투자에 더욱 열을 올리라고 말하고 싶다. 배움에 대한 투자와 성과는 확실하게 자기 것이 된다. 예측할 수 없는 주식에 투자해서 하루하루 그래프의 오르내림에 따라서 기분까지 덩달아 오르락내리락하는 삶보다는 수익이 약속된 최고의 투자처인 자기 자신에게 투자하라. 그리고 적극적으로 배움의 장을 찾아서 나아가라. 배움의 장에서 만나게 된 인연들, 그들이 강사든 동년배의 직장인이든 만남을 통해서 깨닫고 얻게 되는 수확이 있다. 그것의 가치는 주식의 시세차익이나 배당금보다 더 큰 기쁨을 안겨 줄 것이다.

어떤 분야의 공부를 하기로 마음 먹었다면 공부를 최우선 순위에 놓아야 한다. 그렇다고 각자 맡은 업무를 무시하고 내팽개치라는 말이 아니다. 공부를 최우선 순위에 놓고 방법을 찾아보라는 뜻이다. 그렇게 방법을 찾고 고민을 하다보면 해답은 나온다. 동료와 업무스케쥴을 바꿀 수도 있고, 약속을 조정할 수도 있고, 야근을 해서라도 주말시간을 확보할 수도 있다.

직장에 다니는 우리는 잘리지 않으려고 아부 떨면서 노력하는 대신에 회사에도 보탬이 되고 자신의 인생도 풍요롭게 만들기 위한 공부하는 프로가 되어야 한다. 프로는 최고를 말하지 않는다. 스포츠의 세계에서와 같이 최고는 언제든지 대체할 수 있다. 그래서 넘버원이 되기보다는 온리원이 되어야 한다. 대체 불가능한 온리원이 진정한 프로다. 진정한 프로는 끊임없는 공부를 통해서 만들어진다. 배움에 대한 투자를 아끼지 말고 공부를 통해서 진정한 프로가 되자. 술을 좋아한다면 심재혁 대표를 벤치마킹하라. 술도 공부하면서 마시면 인생이 달라진다. 공부하는 프로에게는 행복한 미래가 기다리고 있다.

04
함께 일할 수 있는
능력 키우기

우분투(Ubuntu)라는 말이 있다. 그 유래는 어떤 인류학자가 아프리카의 한 부족의 아이들에게 게임을 제안한 것에서 시작한다. 학자는 근처 나무에 아이들이 좋아할 만한 음식을 미리 매달아 놓고 먼저 도착한 사람이 그것을 먹을 수 있다고 설명을 한다. 그리고 시작을 외쳤다. 그런데 어찌 된 일인지 아프리카 아이들은 각자 뛰어가지 않고 모두 함께 손을 잡고 가서 그것을 함께 먹었다. 우리 대한민국의 아이들이라면 어땠을까? 시작 소리와 함께 무섭게 달려가는 모습이 상상이 된다. 빅토르 안 선수나 이상화 선수보다 더 빠르게 말이다.

인류학자는 아이들에게 물었다. 1등이 되면 다 차지할 수 있는데 왜 함께 뛰어갔느냐고 물었다. 그러자 아이들은 우분투라고 외치면서, 다른 사람들이 모두 슬픈데 어떻게 한 명만 행복해질 수 있느냐고 대답했다. 우분투는 반투족의 말로 "네가 여기에 있다."라는 뜻이다. 이 말은 지금은 고인이 된 넬슨 만델라 대통령이 자주 사용해서 유명해진 말이기도 하다. 우분투! 당신이 있기에 내가 있습니다. 이것이 우분투의 참뜻이다.

회사 내에는 개인의 역량은 무척 뛰어나지만 다른 직원들과 잘 융화가 되지 못하는 직원들이 꼭 있다. 직장인이라면 누구나 성과를 창출해야 한다는 사명감에 시달린다. 하지만 성과를 창출하고 결과에 대한 영광을 누리는 것을 혼자서만 만끽한다면 그런 직원은 결국 오래가지 못한다. 빨리 가려면 혼자 가고 멀리 가려면 함께 가라고 했다. 개별적으로 일하는 것이 당장에는 효율적으로 느껴질지 몰라도 팀으로 일했을 때만이 얻을 수 있는 협력체계를 통한 시너지 효과는 놀라운 힘과 결과를 발휘한다. 직장생활의 진리 중 하나가 바로 그것이다.

우리는 잘났든 못났든, 프레젠테이션을 잘하든 못하든, 엑셀을 잘하든 못하든, 영어를 잘하든 못하든 결국 인간이다. 함께 어울리며 살아야 하는 존재이다. 뜨거운 가슴과 소통능력을 겸비한 인재만이 직장생활에서의 실력도 인정받는다. 평소 자신이 하는 일을 눈감고 되돌아보자. 처음부터 끝까지 혼자 할 수 있는 일인지, 아니면 결국 팀워크가 필요한 일인지 곰곰이 생각해본다면 금방 깨닫게 될 것이다. 모든 일은 뛰어난 개인이 아니라 팀이 한다는 것을 깨닫는 것은 매우 중요하다. 전체는 부분의 합보다 크다.

가장 근사한 팀은 왜 이 일을 하는지와 이 일을 통해서 이루고자 하는 것이 무엇인지에 대해서 가치를 공유한 팀이다. 이런 팀의 엔진은 저절로 돌아가서 팀워크가 잘 작동한다.

영화 『300』이 있다. 이 영화는 스파르타의 왕 레오니다스와 300명의 스파르타쿠스, 페르시아의 왕 크세르크세스와 그의 100만 군대의 테르모필레 전투를 그렸다. 레오니다스 왕은 먼저 자신의 모든 것을 걸면서 솔선수범해서 싸운다. 그의 리더십에 매료된 300의 용사들은 목숨 걸고 전투에 임한다. 이 영화에는 근사한 식스팩의 근육질 남성들이 등장한다. 모든 남성은 식스팩을 가져야 하는 게 당연한 듯 여겨지게 하였던 이 영화는 몇몇 잔인한 장면들로 비난도 받았지만, 색과 빛의 조화를 통한 뛰어난 영상미와 하이라이트인 전투장면 때문에 많은 사랑을 받았다. 일당 100을 능가하는 300명이 모두 하나가 된 것처럼 움직이고 철저하게 팀워크를 발휘한다.

팀워크의 기초는 상대에 대한 신뢰와 배려다. 우리는 기본적으로 300의 용사들처럼 일당백의 내공을 쌓아야 한다. 그리고 팀워크가 필요한 시기에는 과감하게 단결하여 승리를 끌어내야 한다. 나만 잘해서는 성공할 수 없다. 성공은 모두 함께 이끌어야 가능하다. 월트 디즈니는 "당신은 이 세상에서 가장 멋진 곳을 꿈꾸고, 창조하고, 설계하고, 만들 수 있다. 하지만 이 꿈을 실현하려면 사람들이 필요하다."라고 말했다.

로마의 바티칸 궁에 있는 시스티나 성당의 벽화는 천재 화가 미켈란젤로가 그린 것으로 유명하다. 하지만 시스티나 성당 벽화는 미켈란젤로 혼자가 아니라 13명의 화가가 함께 그린 것이다. 당시 교황이었던 율리우스 2세는 최고만을 고집했던 것으로도 유명하다. 그래서 건축은 브라

만테, 그림은 라파엘로, 조각은 미켈란젤로에게 맡겼다.

1505년 당시 서른 살이었던 미켈란젤로는 재능을 인정받아서 로마에 입성한다. 교황 율리우스 2세가 그를 부른 것이다. 미켈란젤로가 교황 율리우스 2세로부터 의뢰받은 첫 번째 작업은 그를 영원히 기리기 위한 거대한 무덤을 만드는 것이었다. 미켈란젤로는 온 힘을 다해 3층 구조로 실물 크기의 동상 40여 개를 포함한 거대한 묘비를 설계했는데 생전에 무덤을 만드는 것은 불운을 초래한다는 주변의 중상모략으로 작업은 수차례 중단되거나 축소되었다.

주변의 방해와 공작만 없었어도 미켈란젤로의 영묘 제작은 미술사에 남을 걸작으로 완성되었을 것이다. 하지만 앞서 언급한 브라만테와 라파엘로의 방해와 교황의 변덕으로 미켈란젤로는 영묘 제작 작업을 중단하고 시스티나 예배당의 천장화 작업에 투입하게 되었다. 미켈란젤로는 그림보다는 조각에 애정과 관심이 깊었기 때문에 라파엘로가 적임자라고 추천을 했지만, 율리우스 2세의 고집을 꺾을 수는 없었다. 그래서 1508년 5월 10일 계약이 체결되었고 500듀캇을 받아서 작업에 착수했다.

미켈란젤로는 13명의 화가와 함께 높이 20m, 길이 41.2m, 폭 13.2m의 천장에 천지창조에 관한 그림을 그렸다. 4년간 지쳐서 쓰려질 때까지 스스로 설계한 비계(높은 곳에서 작업할 수 있도록 설치한 가설물) 위에서 그림만 그렸던 미켈란젤로의 몸은 만신창이가 되었다. 허리는 휘었고, 다리는 절었으며, 눈은 실명의 위기에 처했다. 천장에 벽화를 그리면서 그가 취한 자세와 독한 재료들 때문이다. 그는 이렇게 말했다. "4년의 고문 같은 세월 후에 나는 이제 예레미야처럼 늙고 지쳤다. 나는 겨우 서른일곱

밖에 안 되었지만, 친구들은 나의 이 늙은 모습을 알아보지 못한다."

1512년 11월 1일 구석구석까지 섬세함이 살아있는 343명의 인물이 등장하는 놀라운 작품이 완성되었다. 이 작품이 그 유명한 『천지창조』다. 위대한 조각가였던 미켈란젤로는 본인의 의지와는 상관없이 중상모략과 권력에 의해서 4년을 그림에 희생했지만 혼신을 다한 그의 열정과 13명의 화가와 함께했던 팀워크를 통해서 기적과도 같은 결과물을 탄생시켰다. 미켈란젤로는 철저한 완벽주의자였기 때문에 조수 화가들에게는 대부분 잡일만 시키고 거의 모든 그림은 본인이 스스로 그렸다고 하기도 하는데 그건 중요하지 않다. 널리 알려진 바처럼 그가 혼자서 4년 동안 그 일을 했던 것이 아니라 13명의 화가와 협업을 했다는 사실이 더욱 중요하다.

개인의 역량도 중요하지만, 그 역량은 경쟁보다는 협업을 할 줄 아는 능력이 바탕이 되어야 비로소 빛을 발한다. 협업을 통해서 성과를 창출하는 사람만이 조직의 핵심인재로 성장한다는 사실을 반드시 명심하고 누구하고나 원활하게 협업을 할 수 있는 능력의 소유자가 되길 바란다. 함께 일할 수 있는 능력은 신입사원 때부터 기르면 좋지만 10년 차인 지금부터 그 부분을 키우기 위해 노력해도 늦지 않다.

10년 차 직장인이라면 그것 자체로도 일단 성공이다. 간혹 본인의 욱하는 성격을 컨트롤하지 못해서 회사를 그만두고 창업을 했다가 실패하는 사례도 많이 발생하기 때문이다. 직장생활 10년의 내공에서 함께 일하는 능력이 부족하다면 마음만 10년 전 신입사원 시절로 돌아가면 된다. 그리고 남들보다 빠르게 일을 잘하기보다는 항상 뭔가를 배우려는 자세로 팀워크의 중요성을 알고 팀에 이바지하려는 성의를 보여라. 팀워크를 통한 성취감은 혼자 일했을 때 얻는 성취감보다 몇 배는 더 크다. 혼자 잘해서 인기 있기 보다는 함께 일하고 싶은 사람이 되라.

　회사는 화려한 개인플레이를 하는 직원보다는 팀워크를 잘 하는 인재를 더욱 선호한다. 직장에서 상사들이 좋아하는 유형의 직원들도 따지고 보면 업무능력이 조금 떨어지더라도 팀워크를 통해 성과를 창출할 수 있는 직원이다. 아직도 회사 내에서 자기평판을 모르고 혼자 잘난 맛에 직장생활을 하는 직장인이라면 남은 회사생활이 위태할 수도 있다. 회사는 아무리 능력이 뛰어나더라도 그런 직원과는 끝까지 함께 가지 않는다. 어느 순간 버린다. 회사가 먼저 당신을 버리기 전에 지난 시간을 돌아보고 자신의 평판을 조심스럽게 점검해보기 바란다. 미켈란젤로는 37세의 나이에 협업을 통한 시스티나 성당의 벽화를 통해서 성스런 미켈란젤로로 불리게 되었다. 평판은 함께 일하는 능력을 통해서 본인이 만드는 것이다.

05
공부, 위대한 생존법

    대한민국의 일등 신랑감은 누구일까? 답은 뜻밖에도 전국노래자랑의 MC 송해 선생님이다. 매주 일요일 12시경이 되면 "전국~ 노래자랑~"을 외치며 나타나는 162cm의 키에 통통하고 애교스럽게 나온 배를 가진 시골 할아버지 모습의 그는 34년 전 탄생한 국내 최장수 방송 프로그램인 전국노래자랑에서 26년간 사회를 맡고 있다. 그가 잘 나가는 법조인, 의사, 공무원 등을 가볍게 제치고 일등 신랑감으로 등극한 이유는 90세가 가까운 나이에도 전국을 돌며 돈을 벌고 있는 잘 나가는 광고모델이기도 하기 때문이다.

    그의 탁월한 진행능력과 꾸준하게 사랑을 받는 비결은 과연 무엇일까? 그는 1927년 황해도 재령 출생으로 해주예술학교에서 성악을 공부했다. 6·25전쟁이 한창이던 1951년에는 육군 통신병으로 복무했고 제대 후인 1955년에는 '창공 악극단'에서 가수로 활동했으며, 1974년부터는 17년 동안 KBS라디오의 교통프로그램인 '가로수를 누비며'를 진행했다. MBC에서 구봉서 씨, 배삼룡 씨와 함께 코미디언으로 활동하다 1988년부터 '전국노래자랑'의 MC를 맡고 있다.

그는 최근 '신명 나는 세상'이라는 트로트 곡을 발표했다. 그의 7집 미니앨범에는 3곡이 수록되어 있다. '신명 나는 세상'은 그중 하나로 가사의 일부를 소개하면 다음과 같다. "무엇을 찾으러 왔나. 무엇을 얻으러 왔나. 한 번뿐인 여행길에서, 허무한 욕심, 욕심일랑 생각을 마라. 행복이란 가슴에 있다." 6집까지는 남의 노래를 불렀지만, 7집에서는 자신의 인생을 담은 창작곡을 담았다고 한다. 스스로 인생이 얼마 남지 않았다는 것을 알지만, 신명을 한 번 내야지 하는 마음에서 앨범을 냈다는 것이다. 그의 열정이 진심으로 존경스럽다.

그의 탁월한 진행능력과 꾸준하게 사랑을 받는 비결의 원천은 공부다. 최근 어느 인터뷰에서 그는 이렇게 말했다. "모든 프로그램을 내 것으로 소화해야 해요. 그냥 지나가면 되는 것으로 생각하면 안 돼요. 매번 뭔가 남겨줘야 하거든요. 그러기 위해 저는 공부를 많이 합니다. 지방 녹화 때에는 반드시 하루 전에 가서 군수나 시장 등의 얘기를 듣습니다. 작가가 쓰는 것에는 한계가 있으니까요. 목욕탕에도 들릅니다. 사우나에서 벌거벗고 마을 사람들의 얘기를 들어요. 토요일 오후 1시에 녹화를 시작하지만, 오전 8시에 현장에 가서 출연자들을 만나 장기 자랑을 살펴봅니다. 대본도 대여섯 번 읽어 작가의 의도를 파악합니다. 출연자들을 소개할 때도 자꾸 변화를 주려고 애씁니다. 같은 말을 하면 재탕이거든요. "

녹화시간이 오후 1시임에도 불구하고 오전 8시에 현장에 가서 출연자들과 어울리는 부지런함과 마을 사람들의 얘기를 듣기 위해 함께 벌거 벗고 욕탕에 들어가는 진정성 그리고 같은 대본도 대여섯 번 읽으면서 작가의 의도를 파악함과 동시에 싫증 나지 않게 변화를 주려는 노력을 우리는 본받아야 한다.

90세 가까운 나이에도 매번 뭔가를 남겨주기 위해서 공부를 많이 한다는 송해 선생의 말은 많은 것을 생각하게 해준다. 그를 롤모델로 삼는 후배연예인들과 방송인들도 많이 있다. 그런 그들에게 그는 이런 말을 남겼다. "바닥부터 제대로 배우고 익혀야 할 텐데, 다들 너무 급해요. 하루아침에 이루려 하고 번쩍하면 스타가 되는 것으로 착각해요. 그 계산서가 나중에 다 나온다는 걸 모르고 말이에요." 10년 차 직장인인 당신은 신입사원 시절부터 지금까지 바닥부터 제대로 익히면서 잘 왔는지 자신에게 물어보자. 어떤 임무를 주면 아직도 모든 프로그램을 내 것으로 소화시키려고 노력하는 송해 선생처럼 혼신을 다하고 노력해야 한다. 그냥 시간만 보내고 버티면 어떻게 되겠지, 누군가 대신 나서서 해주겠지 하는 마음으로 회사생활을 하지 마라. 그것에 대한 계산서는 결국 돌아오게 되어있다. 직장 내에는 수많은 눈과 귀가 있다. 그리고 소문 또한 무성하다. 그 소문은 남자들만 많은 직장이라고 예외는 아니다. 남자들이 대부분을 차지하는 직장에서도 소문은 무성하다. 그 이유는 남자들도 여자들 이상으로 수다 떠는 것을 좋아하기 때문이다.

송해 선생의 꿈이자 마지막 소원은 북한 전역을 돌면서 전국노래자랑을 진행하는 것이다. 황해도 출신인 그는 젊어서 북한 전역을 돌면서 공연을 했기 때문에 사회 솜씨가 늘었다고 한다. 그것이 기본재산이 되었고 방송일에 대한 애정과 꾸준한 현장공부 덕분에 장수 MC가 되었다. 인생에 기승전결이 있듯이 결 부분에는 고향 땅을 돌면서 인생을 마무리하는 것이 그의 꿈이자 마지막 소원이라고 한다. 그 날을 기다리면서 그는 오늘도 현장에 일찍 도착하고 대본을 대여섯 번 보는 수고를 아끼지 않는다.

대한민국에서 일등 신랑감이 되고 90세 넘게 현역으로 살고 싶다면 송해 선생을 롤모델이자 경쟁 상대로 삼아서 부단히 공부해야 한다. 공부의 필요성을 절감하면서 꾸준하게 공부하지 못하는 원인은 현재 업무에 대한 애정이 없거나 미래에 대한 꿈과 목표가 명확하지 않기 때문이다. 당신의 꿈과 목표는 무엇입니까? 라는 질문에 3초 안으로 대답을 할 수 없다면 당신은 꿈과 목표가 없는 사람이다. 그런 이들에게 직장은 능력을 발휘하고 보람을 느낄 수 있는 공간이 아니라 밥벌이를 위한 장소일 뿐이다. 10년 차 직장인이라면 회사가 점점 밥벌이 장소로 변질할 위험이 충분하다.

10년 차 직장인이고 지금까지 공부와는 담을 쌓고 지냈다고 해도 공부는 지금 시작해도 괜찮다. 뭐든지 그렇지만 늦은 때는 없고 시작이 반이다. 공부도 그렇다. 10년 차 직장인이라면 대부분 30~40대일 텐데 우리는 이미 인생 100세를 논하는 시대에 살고 있다. 인생의 절반도 살아오지 않았는데 지금 시작하는 10년 공부가 앞으로의 남은 인생을 책임지는 위대한 생존법이 된다면 거금을 들여서라도 하고 싶은 공부는 꼭 해야 한다. 나에게 맞는 공부를 찾는 것이 급선무인데 그런 공부는 정말 내가 간절히 바라고 미치도록 좋아하는 것을 찾으면 된다.

『공부하는 독종이 살아남는다』와 『세로토닌하라!』로 유명한 이시형 박사는 1934년 생으로 올해 81세다. 그는 80세에 문인화 공부를 시작했다. 문인화는 그림을 직업으로 삼지 않는 순수한 문인이 그린 그림으로 왕실의 귀족이나 사대부 또는 벼슬을 하지 않은 선비들이 그린 그림을 포괄적으로 뜻한다. 이시형 박사 개인적으로 문인화를 그리는 것은 권태기와 스트레스를 해소하는 방편이지만 80세에 새로운 공부를 시작했다는 점은 정말 대단하다. 문인화 노트를 늘 가지고 다니면서 스케치를 하고 어울리는 글귀를 적는다고 하는데 문인화를 그리기 시작하면서 생각을 더욱 많이 하게 되고 주변 대상도 깊이 있게 관찰하게 되었다고 한다.

그는 과거의 라이프사이클인 공부하고 취업하고 은퇴하는 것이 아닌 공부하고 취업하고 공부하고 취업하는 것을 반복하는 자기계발형 라이프사이클이 필요하다고 주장하며 몸소 실천하고 있다. 평생 현역으로 일할 수 있도록 인생설계를 다시 해야 하고 시대가 원하는 기술과 새로운 자격증을 얻기 위한 공부를 죽을 때까지 계속해야 한다고 했다. '이 나이에 무슨 공부를 해' 라는 부정적인 생각은 가장 큰 적이다.

뇌과학적으로도 공부는 하면 할수록 뇌의 활성화에 도움이 되며 창의력 증진에도 효과가 있다. 하지만 공부를 안 하고 뇌를 사용하지 않으면 전두엽이 위축되면서 삶의 의욕이나 생기가 떨어지게 된다. 또한, 희로애락의 감정마저 무뎌지면서 진짜 노인으로 퇴화한다고 한다.

10년 차 직장인의 장점은 참고 견디는 능력이 20대보다 강하다는 것이다. 오랜 사회경험으로 인맥과 정보력과 사회적 성공의 열쇠인 감성지수까지 높다. 문제는 나이가 들수록 저하되는 자신감이다. 예일대학의 베카레비 박사팀이 조사한 결과에 따르면 '나이가 들어감에 따라 당신이 사회에 쓸모가 있다고 생각합니까?' 라는 질문에 '그렇다' 라고 대답한 사람이 '아니다' 라고 대답한 사람보다 평균 7.5년을 더 산 것으로 나타났다. 자신감은 좋아하는 공부를 통해서 충분히 회복된다. 좋아하는 공부를 통해서 자신감을 회복하고 평생 현역으로 사회에 쓸모 있는 인재로 산다면 평균 수명도 자연스럽게 늘어날 테니 공부는 정말 위대한 생존법이 아닐 수 없다.

가슴이 뛰는 일을

한다면

가슴 아플 일이 없다.

06
공부로
꿈의 직업을 찾아라

현재 우리나라 직업 체계는 통계청에서 발간된 『한국표준직업분류』
(1999)에 의하면, 대분류 11개 항목, 중분류 46개 항목, 소분류 162개
항목, 세분류 447개 항목, 세세 분류 1,404개 항목으로 나뉜다. 한국표
준직업분류는 직업 관련 통계 작성을 위한 기준으로서 생산적인 경제활
동에 종사하는 개별 근로자의 각종 직무수행 형태에 따라 체계적으로 분
류한 것이다.

한편 노동부 중앙고용정보관리소가 발간한 『한국직업사전』이라는 것
이 있다. 이 사전은 1969년 인력개발연구소가 당시 경제기획원, 과학기
술처, 노동청의 감리를 받아 대표 직종명 3,260여 종을 분류하여 발간한

것이 처음이다. 이 사전은 모든 직업을 국제 표준직업분류의 기준에 따라 분류하였으며 직업마다 직무 개요, 수행방법, 기계장치, 자재와 제품, 자격 면허 등의 항목으로 나누어 내용을 기술하고 있다.

2011년 말 기준으로 5,385개의 직업정보가 수록되어 있고 직업명 기준으로 11,655개의 직업을 수록하고 있는데, 이 중에는 과거에 없던 새로운 직종이 대거 포함되어 있다. 1만 개가 넘는 직업 중에서 우리는 과연 몇 개의 직업을 알고 있을까? 자녀를 둔 직장인이라면 자녀와 함께 누가 더 많은 직업을 알고 있는지 함께 써본 후 비교해보는 것도 좋을 것이다. 막상 해보면 100개 이상을 적기가 힘들다. 꿈의 직업은 내가 아는 직업 이외에서 발견될 수도 있다. 그 직업을 알기 위해서는 세상에 대한 호기심과 꼬리에 꼬리를 무는 독서 그리고 공부가 필요하다.

평소 이직에 관심이 있다면 호주정부관광청에서 주최하는 '꿈의 직업(Best Job in the World)'이 있다. 한 번쯤은 들어봤을 것이다. 호주를 알리기 위해서 2009년에 시행된 '꿈의 직업'은 2013년에는 호주 6개 주에서 각 1명씩 6명을 선발하는 것을 발표하여 더욱 뜨거운 반응을 일으켰다. 총 6개월간 총 10만 호주달러(한화 약 1억 2천만 원)를 지원하는 프로모션이기 때문이다. 10년 넘게 직장생활을 하면서 연봉이 1억 원이 넘는 사람이 몇 명이나 있을까? 연봉 1억이 아닌 6개월 급여가 1억 2천만 원이면 정말 꿈의 직업이라고 할만하다.

2013년 꿈의 직업에는 뉴사우스 웨일즈 주의 이벤트 플래너, 노던 테리토리의 야생 탐험가, 퀸즐랜드 주의 파크레인저, 남호주의 야생동물 관리인, 서호주의 미식 여행가, 빅토리아 주의 라이프스타일 사진작가

등 6개의 직업이 선정되었다. 이번 프로모션에는 총 196개국에서 33만여 명이 응모했으며 최종결선 진출자는 18명으로 미국인이 5명으로 가장 많았다. 1차 결선에 진출해서 기대를 모았던 한국인 김형윤, 박준형 씨는 아쉽게도 탈락했다.

꿈의 직업 응모자격은 호주 입국 비자를 받을 수 있는 국가의 18세 이상 성인이면 누구나 신청할 수 있다. 지원서를 제출하고 30초 정도 영어로 촬영한 동영상을 올리면 신청은 완료된다. 영어를 잘해서 호주 현지 생활에 문제가 없는 10년 차 직장인이라면 다음 기회에 이 꿈의 직업 프로모션에 지원하고 싶어질지도 모른다. 만약 선정되어 6개월의 근무 기간 후에도 이전 직장으로의 복귀가 보장된다면 한 번쯤은 도전해볼 가치가 있다.

하지만 과연 그런 회사가 얼마나 있을까? 그런 회사에 다니고 있다면 정말 축복이며 당신은 행운아다. 대부분 회사에서는 현실적으로 그런 보장을 해주기가 힘들다. 왜냐하면, 이미 인재에 대한 공급은 충분하므로 누구 하나 그만둔다고 눈 하나 깜짝하지 않는 것이 현실이기 때문이다. 누군가 그만둔다면 적은 월급으로 더 훌륭한 인재를 채용하는 것이 회사가 취하는 전략이다.

연봉으로 1억 원이 넘는 직업을 꿈의 직업이라고 가정할 때 국내에서의 꿈의 직업은 CEO, 국회의원 그리고 도선사다. 한국고용정보원의 2010년~2011년 자료에 의하면 1위는 CEO로 1억988만 원, 2위는 국회의원으로 1억652만 원, 3위는 선박의 입출항을 담당하는 도선사로 1억539만 원으로 집계됐다. 10년 차 직장인인 우리는 앞으로 위에 열거된 3

가지 직업으로 전환할 수 있는 확률이 얼마나 될까? 대부분은 한숨이 먼저 나올 것이다.

그렇다고 절망하지 않아도 된다. 연봉 1억이 훨씬 넘는 1인 기업가의 세계가 있기 때문이다. 대표적인 1인 기업가로는 지금은 고인이 된 변화경영연구소의 구본형 소장, 자녀경영연구소 최효찬 소장, 세계화 전략연구소 이영권 소장 그리고 공병호 경영연구소 공병호 소장 등이 있다. 이들의 공통점은 본인이 간절히 원하고 하고 싶은 일을 마음껏 하기 위해서 직장을 그만두고 연구소를 설립했다는 것이다. 그리고 지금은 알만한 사람은 누구나 아는 브랜드가 되었고 많은 직장인에게 롤모델이 되어주고 있다.

하지만 명심해야 할 것은 철저한 준비 없이 1인 기업가와 1인 연구소의 환상에 빠져 회사를 그만두면 안 된다는 것이다. 꼬박꼬박 월급을 받던 입장에서 3개월에서 6개월 이상 수입이 없는 생활이 계속된다면 환상은 고통으로 점점 변해서 삶을 황폐하게 할지도 모른다.

직장에 다니는 기간을 감사히 여기고 엄격한 자기관리와 열정적인 자세를 갖추면서 자신의 브랜드를 만들고 검증하는 시간을 가져야 1인 기업가로 성공할 수 있다. 고故 구본형 소장과 공병호 소장은 새벽 4시에 기상해서 하루를 시작하는 것으로도 유명하다. 공병호 소장은 어느 인터뷰에서 수입이 보통의 상장사 CEO만큼은 번다고 말했다. 자신의 이름이 하나의 브랜드로 자리를 잡으면 출판과 강연 그리고 인터뷰 등을 할 수 있는 구조가 만들어진다. 더 나아가 신문이나 잡지에 칼럼을 기고할 기회도 생기고 연구소에서 후학양성도 가능하다.

주 수입원이 강연과 집필인 공병호 소장의 경우 한 해 평균 200~300회의 강연을 하며, 한 해 평균 5~6권의 책을 출간한다. 2015년 현재까지 집필한 책은 이미 100여 권을 넘는다. 이를 통해 연간수입이 수십억 원에 이르는 상장사 CEO만큼 번다는 말은 결코 허풍이 아니다. 새벽 4시부터 일어나서 일과 놀이에 경계가 없는 열정적인 삶을 살 자세가 되어 있다면 나만의 분야를 찾아서 1인 기업가를 준비하라.

학교를 졸업하고 직장에서 10년 이상이 되었다면 우리의 성장곡선은 어느 순간 정지했을 것이다. 자기계발에 전혀 관심이 없고 스스로가 공부형 인간이라고 자신 있게 말할 수 없다면 분명히 그렇다. 경영학의 대가 피터 드러커를 만들었던 질문은 '여러분은 죽고 나서 다른 사람들로부터 어떤 사람으로 기억되기를 바라는가?' 이다. 이 질문에 대한 피터 드러커의 대답은 "사람들이 목표를 달성하도록 도와준 사람으로 기억되기를 바랍니다."였다.

직장을 그만두었을 때 당신은 어떤 사람으로 기억되기를 원하는지 한 번 생각해보라. 그리고 직장을 그만두고 세상에 나가 홀로서기를 했을 때 어떤 사람으로 불리기를 원하는지 한 번 생각해보라. 거기에 대한 답을 찾게 된다면 본인이 하고 싶은 1인 기업의 방향을 잡을 수 있을 것이다. 1인 기업가가 되고 싶은 꿈이 생기고 그 방향이 정해졌다면 이제는 CEO 마인드로 일하기 바란다. 그래야 실패하지 않고 성공하는 1인 기업가로 우뚝 설 수 있다.

성공의 속도가 빠른 사람들은 이미 30~40대에 성공자의 삶을 누리면서 살고 있다. 하지만 그들의 삶을 너무 부러워하고 시샘하지는 말자. 로

또에 당첨되어 더욱 불행해진 사람이 많듯이 성공은 어느 정도 성공할 준비가 되어있고 꾸준히 자기관리를 하는 사람들 곁에서 꽃을 피운다. 성공은 행복과 마찬가지로 끊임없이 열매를 맛보면서 걸어가는 과정이지 단발성으로 끝나는 이벤트가 아니다.

이른 나이에 성공을 경험했다고 해서 그것이 평생 간다는 보장은 없다. 계속해서 목표를 추구하고 더 높은 단계로 올라가고 싶은 욕망이 있어야 성공은 유지된다. 피터 드러커가 10세 때 필리글리 신부로부터 받은 질문을 다시 떠올려보자. 필리글리 신부는 1919년의 어느 날 종교수업시간에 '여러분은 죽고 나서 다른 사람들로부터 어떤 사람으로 기억되기를 바라는가?' 라는 질문을 했다. 그리고는 한 마디를 덧붙였다. '나는 너희가 이 질문에 대답할 수 있을 것으로 기대하지 않는다. 그러나 너희가 50살이 될 때까지도 여전히 이 질문에 대답할 수 없다면, 너희는 인생을 헛산 것이 될 것이다.' 라고 말했고 이 질문이 피터 드러커에게 평생 나침반 역할이 되었다. 아직 50세 전이라면 너무 조급해하지는 말고 질문에 대한 답을 스스로 찾아보자. 그 질문에 대한 답을 통해서 본인에게 어울리는 꿈의 직업을 찾게 되길 바란다.

07
공부하지 않으면
미래는 없다

만학도라는 말이 있다. 나이가 들어 뒤늦게 공부하는 학생을 뜻한다. 나는 만학도. 재수를 해서 1996년도 성남에 있는 경원전문대 경영학과에 입학을 했다. 입학할 때는 과에서 3등으로 입학을 했지만, 졸업은 한 학기를 더 다녀 98년도 가을에 코스모스 졸업을 했다. 동기들은 1학년만 마치고 군대를 다녀와 복학했으나 나는 군대를 빨리 가고 싶지 않아서 졸업하고 군대에 갔다.

대학에 입학해서 공부에 대한 관심과 열정이 없었던 건 전문대 출신이 사회에 나와서 제대로 자리를 잡을 수 있을까에 대한 자포자기한 심정을 가지고 있었기 때문이다. 동기 중에는 휴학한 후 편입학원에 등록해서 4년제 대학으로 옮겨간 친구들도 몇 명 있었다. 그때는 한편으로 그들이 부럽기도 했다. 그러나 지금은 아니다.

왜냐하면, 다행히 요즘은 스펙으로만 사람을 평가하는 시스템에서 많이 벗어났기 때문이다. 면접으로만 채용하고 이력서는 입사 후에 요구하는 회사들도 있다. 시대가 그만큼 변했다. 학력보다는 인성과 잠재력을 더 높이 평가하고 필요로 하는 것으로 점점 변해가고 있다.

실제로 열린 채용은 지난 2013년부터 불었으며 올해 더욱 확산하고 있다. 주요 대기업 중에서 현대차 그룹의 경우 '더 에이치(The H)'를 통해서 인사 담당자가 직접 거리에서 구직자를 캐스팅한 뒤 4개월간 봉사활동이나 여행 등을 통해 평가한 후 최종면접을 거쳐 채용하는 방식을 시행하고 있다. SK그룹은 '바이킹 챌린지'라는 이름으로 자기소개와 프레젠테이션을 거친 후 합숙을 통해 각종 임무를 수행하게 한다.

최근 취업포털 사람인에서 상반기 채용계획이 있는 주요기업 258곳에 대해 설문조사를 한 결과가 발표되었다. 흥미로운 점은 스펙은 이미 변별력이 없는 것으로 인식하고 있다는 것이다. 그래서 실무면접에 대한 비중을 강화하고 인성면접 비중을 강화하는 것이 요즘의 추세다. 결론적으로 기업의 44%는 스펙을 탈피해서 인성과 잠재력을 보고 인재를 채용하고 있으며 앞으로 이런 열린 채용은 점점 더 확산하리라는 전망이다.

스펙이 겉이라면 인성은 속이다. 이제는 겉보다는 속을 보고 사람을 뽑는다. 비록 서울대를 나왔다고 해도 조직 내에서 일을 제대로 하지 못하고 갈등을 유발할 것으로 예상된다면 처음부터 뽑지 않는다. 스펙으로 사람을 뽑기는 참 쉽다. 성적표만 보고 일등을 가려내면 되는 것과 같은 수준이다. 인성이나 잠재력을 보고 사람을 뽑는다는 것은 그만큼 채용하는 회사의 수준과 능력이 높다는 반증이다.

우리가 입사 한 10년 전, 회사는 우리의 스펙을 보고 채용한 것일까? 아니면 인성과 잠재력을 보고 채용한 것일까? 아마도 양념반 후라이드 반과 같이 스펙 반, 인성과 잠재력 반을 보고 채용했을 것이다. 그래서 간혹 인성이 덜된 동료들이 주변에 한두 명씩 있는 것이니까 너무 스트레스받지는 말자. 요즘 추세로라면 입사의 문턱을 넘지 못했을 그들은 분명 행운아지만 그들의 성장은 거기까지다. 그러니 측은지심으로 대한다면 스트레스받을 일이 없다.

어쨌든 이제 스펙은 기본이 되었기 때문에 스펙도 기본으로 쌓아야 하고 인성도 키워야 하니 취업하기가 더욱 힘들어진 세상이다. 그리고 이제는 취업뿐만 아니라 조직 내에서의 인사고과와 승진에서도 인성과 잠재력을 높이 평가한다. 물론 업무능력은 기본이 되어야 한다. 따라서 인성과 잠재력을 키우는 것에 대한 고민을 해야 한다. 그렇다면 어떻게 하면 그 두 가지를 키울 수 있을까?

오바마는 2009년 대통령에 당선된 후 두 딸 말리아와 사샤에게 다음과 같은 편지를 보냈다. "사랑하는 말리아와 사샤에게. 중략. 너희가 잠재력을 꽃 피울 수 있는 것은 너희가 자기 자신의 것보다 더 큰 짐을 지게 될 때만 가능한 일이란다. 너희 꿈을 끝없이 이루며 이 사회에서 성장하려면 너희가 이것들을 할 수 있어야만 한다. 사랑이 가득하고 헌신적인 여인으로 자라나서 그런 세상을 만들어 나가려면, 너희가 할 수 있는 것만 해서는 아무것도 이루지 못할 것이다. 너희가 가진 그 기회를 이 세상의 모든 어린이가 함께 누리고 똑같은 기회를 나누길 바란다. 이것이 바로 이 아빠가 우리 가족을 이토록 위대한 모험의 길로 이끌고 온 이유란다."라고 편지에 썼다.

오바마의 말처럼 잠재력이란 더 큰 짐을 지게 될 때만 봉인이 풀려서 나온다. 매일매일 반복되는 똑같은 패턴의 업무에서는 잠재력을 발휘하기가 힘들다. 우리의 뇌가 적당한 긴장감을 유지할 필요도 없고 평소 사용량 이상으로 가동될 필요가 없기 때문이다. 초보운전 때는 익숙해지기 전까지 이것저것 신경을 쓰고 잔뜩 긴장하면서 운전을 하지만 3~4년 정도 운전경력이 쌓이면 무의식적으로도 운전이 되는 것과 같은 이치다.

직장에서 부담스러운 업무를 준다면 잠재력을 발휘할 기회라고 여기고 즐겁게 받아들여라. 회사는 훌륭한 성과와 좋은 결과를 바라는 곳이기 때문에 당신에게 가능성이 전혀 없고 불안하다면 새로운 업무에 대해 제안조차 하지 않을 것이다. 만약 본인에게 그런 업무를 주지 않는다면 스스로 더 큰 짐을 짊어져야 한다.

나는 지금 다니는 회사에 2003년도에 입사하면서 공부에 대한 관심을 다시 가지게 되었다. 그래서 스물일곱 살에 한국방송통신대학교 경영학과에 편입하였고 서서히 굳어가는 머리 덕분에 학업을 포기할까 하는 유혹도 있었지만, 이미 환갑을 넘긴 분들도 즐겁게 웃으면서 공부하시는 모습에 자극을 받아 포기하지 않고 거의 6년 만에 졸업을 했다.

그렇게 4년제 학사학위를 받고 대학원에 대한 관심으로 등록을 한 곳이 서강대학교 경영대학원의 단기 MBA 과정인 SHAPE이다. 6개월 과정인 SHAPE에서는 방송대에서 공부할 때와는 다르게 단기간에 집중해서 리포트를 제출하고 시험을 봐야 했기 때문에 방송대 다닐 때보다는 아주 힘들었다. 하지만 방송대에서 배운 내용이 많이 도움되어 무사히 졸업했다. SHAPE를 마치고 개인적으로 내린 결론은 아직은 본격적인 대학원 수업을 소화하기에 조금 부족하다는 생각이 들었다. 그래서 다시 방송대 영어영문학과에 편입해서 공부하고 있다.

공부하면서 느끼는 성취감은 업무를 통해서 느끼는 성취감과는 맛이 조금 다르다. 업무를 통해서 느끼는 성취감이 캐러멜 마끼야또 같다면 공부를 통해서 느끼는 성취감은 뜨거운 여름날의 아이스 아메리카노 같은 맛이다. 공부를 통해서 얻는 성취감은 자극적이지 않지만, 꾸준히 즐길 수 있어서 더욱 갈망하게 한다. 성취감을 느끼면 잠재력은 조금씩 깨어난다.

인성에 대한 표현을 오바마의 말을 빌려서 해보면 사랑이 가득하고 헌신적인 사람으로 자라는 것이 아닐까 싶다. 사랑이 가득하고 헌신적인 사람이라면 인성이 좋다고 말할 수 있다. 직장생활도 그런 태도를 바탕으로 한다면 더할 나위 없이 좋을 것이다. 버진그룹의 CEO 리처드 브랜슨은 "모든 사람은 각자의 빛을 갖고 태어난다. 우리가 생을 살아가는 이유는 스스로 그 빛을 발산하기 위해, 그리고 그렇지 못한 사람들을 도와주기 위해서다."라고 했다. 오바마가 딸들에게 했던 말과 일맥상통한다. 우리는 모두 빛이다. 하지만 그 빛은 저절로 환하게 빛나지 않는다. 따뜻한 인성과 봉인된 잠재력을 깨워야만 세상을 밝히는 빛이 된다. 아름다운 세상과 아름다운 미래를 만들어 가는 힘은 세상에 대한 관심과 애정이 담긴 공부를 통해서 나온다. 공부라는 희망 가득한 짐을 즐거운 마음으로 짊어지기 바란다. 공부하는 당신의 장래는 밝다.

실패는 장애물이 아닌
인생의 밑거름이 된다

08
기회는
새로운 공부에 있다

터미네이터로 유명한 아널드 슈워제네거는 19살인 1966년에 영국 런던에서 열린 미스터 유니버스 선발대회에 참가했다. 그는 10대 시절부터 미국에 가면 성공할 수 있다는 '아메리칸 드림'을 강력하게 믿었다. 그래서 친구들이 항상 공무원이 되어 연금을 받고 싶어하는 이야기를 할 때도 권력과 명성에 관한 이야기에 푹 빠져 있었다.

아널드 슈워제네거를 단순하게 근육질의 헐리우드 배우로만 볼 수도 있지만, 그의 성공 뒤에는 항상 새로운 것에 도전하는 도전정신과 공부가 바탕이 되어 있었다. 그가 처음 미국에 도착했을 때는 영어를 거의 하지 못했다. 하지만 꾸준히 영어공부에 전념했으며 경제학 학위를 받는

쾌거도 이루었다. 그가 경제학을 공부한 이유는 부를 쌓는 데 필요한 기술을 얻을 수 있을 거라는 생각을 하고 있었기 때문이다.

그가 부동산에 관심을 가졌던 사실은 잘 알려지지 않았지만 30세가 되었을 때 그는 이미 100만 달러를 보유하고 있었다. 보디빌딩과 더불어 그가 관심을 둔 분야가 바로 부동산 투자였는데 평소 부동산 구매를 위해서 꾸준하게 저축을 했고 오피스 건물과 쇼핑몰에 투자했기에 이루어 낸 성과였다.

보디빌더와 할리우드 영화배우 그리고 부동산 투자로 성공한 그는 새로운 목표를 찾기 시작했고 정계에 입문하기로 마음을 정했다. 2003년 8월 그가 캘리포니아 주지사 선거에 출마하겠다고 밝히자 미국의 거의 모든 신문사에서 그에 관한 기사를 집중적으로 보도했다. 그의 정치인생이 순탄하지는 않지만, 민주당 명문인 케네디 가문의 아내 마리아가 언제나 많은 도움이 되었다. 2011년 1월, 슈워제네거는 임기를 마치고 공직을 떠났다.

아널드 슈워제네거의 전기를 쓴 마크 후여는 "그는 언제나 다른 사람보다 한발 앞서 생각했다. 그가 물러설 때는 다음 도약을 위해 철저히 준비할 때뿐이었다."라고 말했다. 그렇다면 과연 지금 아널드 슈워제네거는 어떤 목표를 설정하고 있는 것일까? 너무 궁금하다.

그의 예전 여자친구는 그가 해마다 연초에 그 해에 달성해야 할 목표를 다섯 가지 써놓고 목표에 전념하는 삶을 살았다고 전했다.

아널드 슈워제네거는 "나는 목표를 세운 다음 이를 머릿속에 구체적으로 그려본다. 그 목표에 대한 갈망은 추진력이 된다. 그렇게 갈망하는 비전을 떠올려보는 일은 내게 즐거움을 준다. 목표를 실현하기 위한 추진력으로 갈망을 품는다."라고 말했다. 회사 내에서 당신의 목표는 무엇인가? 인생에서 당신의 목표는 무엇인가? 그것을 끊임없이 갈망하고 가슴속에 품어라. 그 갈망이 추진력이 되어 당신을 원하는 곳으로 데려다줄 것이다. 단 절대 포기하면 안 된다. 추진력이 떨어지는 일이 없도록 중간중간 점검을 잘 해야 하는 것 또한 잊지 마라.

내가 군에서 전역하고 처음 사회생활을 시작한 회사는 커튼과 롤스크린 그리고 관련 액세서리를 직접 제작하고 납품도 하는 생활용품 회사였다. 5층 건물에서 지하와 1층을 사용했는데, 지하 공장에서 제품이 만들어져 1층으로 옮겨지면 포장과 재고관리를 담당하는 것이 주 업무였다. 운전면허증이 있었기 때문에 필요하면 동대문으로 부품 구매를 하러 가기도 했다. 총 10명의 직원 중 절반 정도를 시간제직원으로 채용해서 운영하고 있었다.

당시 시간제직원들은 대부분 입대하기 전이나 입대 후 직장을 찾기 위해 잠깐 머무르기 위해서 근무하고 있었다. 그래서 그런지 책임감이 낮은 시간제직원들에 의한 제품 불량과 포장상태 미숙으로 인한 반품이 많아졌다. 그러던 어느 날 사장은 근무상태가 불량한 직원들을 정리하고 외국인 근로자를 채용했다. 모로코에서 온 남자 3명이었다.

한국어를 전혀 할 줄 모르는 그들을 내가 전담해서 같이 일을 하게 되었다. 모든 직원에게 외국인 근로자는 예상 밖의 상황이었고 영어를 할 줄 아는 직원이 없었다. 내가 정직원 중 가장 어리다는 이유 하나로 그들을 전담하게 되었다. 그나마 낫지 않겠느냐는 단순한 이유에서다. 수능

이후로 영어공부를 제대로 한 적이 없고, 군에서 복무할 때도 영어책은 전혀 본 적이 없는데 참으로 답답했다.

밥을 먹을 때는 그냥 말없이 먹어도 상관없지만 일을 하면서 업무를 가르치고 지시를 할 때는 한계가 있었다. 보름 동안 간단한 영어와 바디 랭귀지로 버티다가 회사 근처의 영어학원에 등록했다. 지금은 학원비를 지원해주는 좋은 회사에 다니지만 그때 당시는 정말 쥐꼬리만 한 월급에서 10%에 해당하는 금액을 학원비에 투자하면서 퇴근하면 곧바로 영어학원을 향했다. 같이 근무하는 형들은 당구치고 술을 마시면서 저녁 시간을 마음껏 즐겼지만, 거기에 함께 할 수가 없었다.

처음엔 그런 상황이 조금 억울하기도 했지만 학원에서 만나게 되는 새로운 인물들과 영어를 하나하나 배우면서 알아가는 재미가 당구를 치고 술을 마시는 것 이상으로 재미있었다. 그렇게 3개월 정도 영어학원을 다니니 버벅거리면서라도 간단한 회화가 가능해졌다. 그래서 모로코 친구들이 주말에 이태원 클럽에 가끔 다니고 있다는 것도 알게 되었고, 쇼핑하러 동대문에 간다는 사실도 알게 되었다.

라마단이 무엇인지도 모로코 친구들이 근무하게 된 이후로 알게 되었다. 이슬람 문화는 타인에게 관용을 베푸는 것이 특징인데 해마다 9월이면 라마단이라는 금식 기간을 정해놓고 한 달 동안 지킨다. 라마단 기간에는 일출에서 일몰까지 매일 의무적으로 단식을 해야 하는데 정말 모로코 친구들은 라마단 기간 동안 근무시간에는 물 한 모금 입에 대지 않았다. 정말 괜찮은지 조심스럽게 물어봤을 때 어렸을 때부터 적응되어 괜찮다고 했다.

지금 돌이켜보면 영어를 해야만 했던 당시의 상황은 유쾌한 사건이었다. 영어로 조금씩 소통을 하게 된 것은 놀라운 경험이었고 공부의 매력에 흠뻑 빠지게 만들어준 선물이었다. 알라신의 은혜 덕분인지 회사는 조금씩 조금씩 성장해서 확장 이전을 해야만 하는 상황에 직면했다. 이전할 곳을 알아보던 사장님은 경기도 광주에 대지를 매입했다면서 출퇴근이 어려운 직원들을 위해서 기숙사도 마련할 계획이라고 했다.

　사장님은 나를 데려가고 싶어 했지만 많은 고민 끝에 그만두기로 했다. 커튼과 롤스크린을 만지는 일보다 더욱 흥미진진한 일이 세상에 넘쳐난다는 사실을 모로코 친구들을 통해서 전해 들은 것도 판단에 영향을 주었다. 정말 세상은 넓고 할 일은 많다. 모로코 친구 중에는 결혼한 친구도 있었지만 일정 금액을 집으로 송금하고 남는 돈으로 생활하면서 세상 경험을 쌓는 친구도 있었다. 큰 재산을 모아둔 건 아니지만 그렇게 자유롭게 사는 인생도 매우 멋있어 보였다. 평안하고 여유로운 미소를 가진 모로코 친구들의 참 모습을 처음엔 알아보지 못했지만, 영어공부하면서 점점 알게 되었다.

　회사는 경기도 광주로 무사히 이전을 마쳤고 그곳에서도 안정적으로 자리를 잡았다는 소식을 들었다. 그 후 나는 지인을 통해서 해외여행을 전문으로 하는 여행사에 영업사원으로 취직하게 되었다. 영어공부를 하지 않았다면 아무리 지인을 통해서라지만 불가능한 취업이었다. 아널드 슈워제네거는 "삶의 의미는 단지 존재하는 데 있는 것이 아니라 앞으로 나아가고 상승하며 달성하고 정복하는 데 있다."고 말했다.

　우리의 몸은 그냥 숨만 쉬기 위해서 존재하는 것이 아니다. 우리 모두

가 보디빌더가 될 필요는 없지만, 보디빌더가 몸을 만들 듯이 단계적으로 체중을 감량하고 근육을 만들어가는 상상을 한 번 해보라. 운동을 하지 않는 몸과 운동을 하는 몸은 확실히 다르다. 보기에도 멋지고 매력적이며 자신감 또한 넘쳐 보인다.

우리의 삶도 몸에 근육을 만들 듯이 하나하나 정성스럽게 필요한 공부로 채워진다면 더 멋지고 매력적인 삶으로 변할 것이다. 공부를 통해서 얻은 자신감은 새로운 기회를 불러온다.

『성공하는 사람들의 7가지 습관』의 저자 스티븐 코비는 적어도 하루에 한 시간은 '톱을 갈 수 있는 시간'을 확보하라고 했다. 톱을 간다는 것은 변화무쌍한 이 시대에 살아남기 위해서 편하게 안주하고 있는 영역에서 자신을 빼내어 배움과 훈련에 보내는 시간을 말한다. 어떤 톱을 갈아서 기회를 만들어야 하는지 자신에게 어울리는 새로운 공부를 찾아야 한다.

CHAPTER 2
멈추지 마라,
공부에는 끝이 없다

01
공부, 탁월함을
향한 일보전진

프랑스 파리에서 남동쪽으로 650km 정도 떨어진 곳 막사(Marsaz) 지방에는 루이뷔통이 친환경 건물로 새롭게 선보인 돔 지붕 모습의 공방이 있다. 언덕 위에 있는 이 공방은 1,670평으로 태양광 발전을 이용한 탄소 제로 건물이다. 공방 안에는 550평 규모의 작업장이 마련되어 있으며 220여 명의 직원이 작업한다. 한쪽에는 대형 레이저 기계들이 자리 잡고 있다.

루이뷔통도 최첨단 시대에 걸맞게 2008년 프랑스 최고의 공학 회사인 렉트라사와 제휴해서 기계를 개발했고 지금은 기계의 힘으로 불량률을 줄이려는 노력을 하고 있다. 하지만 한편으론 여전히 전통방식도 고

집하고 있다. 기계는 작업을 단지 편하게 하려고 도입한 것이지 전적으로 작업을 맡기기 위해 도입한 것이 아니기 때문이다.

특수가죽의 경우 단 한 번의 실수로 초고가의 제품을 망칠 수 있는데 악어가죽 등의 특수가죽은 10년 넘게 바느질을 해온 장인들이 전담한다. 루이뷔통의 장인은 전체 4,000명 직원 중 단 4명뿐이다. 재봉틀 장인들은 발로 한 땀 한 땀 박아서 작업하는데 한 땀의 간격은 정확하게 2mm 간격이다.

루이뷔통의 장인들은 담당 업무뿐만 아니라 앞단계의 불량률도 점검하여 불량률을 최소화하는데 기여한다. 책임감 또한 높은 것이 특징이다. 현재 프랑스, 스페인 그리고 미국에 총 17개의 공방을 보유한 루이뷔통의 이직률은 0.02%라고 한다. 이런 기록적인 숫자가 나온 것에는 공동작업과 공동책임이라는 공동체 의식의 영향이 크다.

서울 강남구 청담동에 위치한 루이뷔통 글로벌 매장에서는 2012년 10월 15일 특별한 행사가 진행되었다. 스페셜 오더 트렁크 프로젝트로 제작된 스케이트 트렁크가 김연아 선수에게 전달된 것이다. 루이뷔통의 홍보실에서는 "이번 프로젝트를 위해 김연아 선수의 모든 생활방식을 체크해서 가장 적합한 트렁크를 제작할 것"이라고 미리 밝힌 바 있다. 루이뷔통의 제안으로 진행된 행사는 장인 1명이 9개월에 걸쳐 수작업으로 제작되었다고 한다.

김연아 선수가 가방 하나에 스케이트와 스케이트 용품을 모두 넣고 다닌다는 점이 참작되었고, 해외여행 시에도 간편하면서 안전하게 가지고 다닐 수 있도록 디자인되었다. 세계정상급의 단 한 명 선수를 위해서

단 한 명의 장인에게 9개월의 시간의 허락한 루이뷔통의 장인정신에 박수를 보낸다. 루이뷔통의 장인정신과 장인이야말로 세계정상급이 아닐 수 없다.

　루이뷔통의 장인처럼 한 분야에서 10년 넘는 세월을 보내게 된다면 전문가가 될 수 있다. 직장생활 10년 차인 당신은 그런 자랑스러운 전문가인가 한 번 생각해보라. 회사의 이미지가 걸린 초특급 프로젝트에 당신 하나를 믿고 회사는 9개월의 시간을 허락해 줄 수 있는지 한 번 생각해보라. 대답이 No라면 장인이 될 수 있는 10년의 세월을 다르게 사용한 결과다. 세계적으로 유명한 선수들의 우승비결에서 언급된 공통점 중 하나는 경기에 대한 집중력이다. 집중은 부단한 준비를 통한 여유에서 나온다. 내일부터라도 출근 시간보다 30분 일찍 회사에 도착하려고 노력하라. 30분 일찍 시작한 하루가 3시간 이상의 여유를 선사하는 기쁨을 알게 될 것이다. 직장에서 성공한 대부분의 사람은 기상 시간이 남들보다 빠르고 출근 시간 또한 남들보다 빠르다. 그리고 불필요한 야근은 절대 하지 않는다. 오히려 칼퇴근한다. 시간의 소중함을 누구보다 잘 알기 때문이다.

　칼퇴근을 자연스럽게 할 수 있는 이유는 남들보다 이미 30분 일찍 출근해서 9시부터 일에 집중할 수 있기 때문이다. 오전에 급하고 중요한 업무를 모두 끝내는 것도 이들의 특징이다. 그래서 오후 시간대에는 특별히 급하거나 중요한 업무가 발생하지 않는 한 늦게까지 남을 필요가 없는 것이다.

　단순하게 오랜 시간 동안 버티면서 직장생활을 한다고 해서 장인이나 전문가가 되는 건 아니다. 그렇게 되기 위해서는 목표의식과 노력 그리고 체계적인 성찰이 필요하다. 경험을 통해서 쌓인 지식은 지혜가 바탕이 된 깊이 있는 통찰력이 동반되면 비로소 전문지식이 되고 어떤 상황에서도 문제를 해결할 수 있는 능력을 갖춘 장인, 전문가로 탈바꿈시켜 준다.

탁월한 경지에 오른 전문가들은 정상에 올랐다고 멈추지 않는다. 그들은 끊임없이 책을 읽고 사색하고 강연회를 찾아다니고 현장에서 체험하고 배운 것을 실천하려고 노력한다. 가왕 조용필은 2013년 정규 19집 앨범 '헬로'를 발표했다. 타이틀곡 '바운스'는 중독성 있는 멜로디로 신드롬에 가까운 인기몰이를 했다. 조용필의 후배 가수 이문세는 조용필의 '바운스'에 충격을 받았다고 했다. 어느 인터뷰에서 그는 "조용필 형님이 다시 20대로 돌아가셨구나! 그 연륜에 20대로 다시 돌아갈 힘, 에너지 역시 감탄하고 존경할만하다. 최고의 아티스트라는 걸 새삼 느꼈다."라며 존경심을 표현했다.

조용필은 라디오를 켜면 팝송을 듣기 위해서 AFKN을 듣고 그 외에 클래식과 국악만을 즐겨들었다. 그리고 노래방에 가서는 본인의 노래만을 반복해서 부르면서 연습을 했다. 수십 년간 지속한 이런 노력이 새로운 창조에 도움이 된 것이다. 그런 노력의 결과로 2014년 '제11회 한국대중음악상'에서 '바운스'로 올해의 노래 상과 올해의 팝 노래 상을 받으며 2관왕에 올랐다.

한 분야에서 10년 이상 장기근속을 하게 되면 오히려 집중력이 떨어져 몰입하지 못하고 기계적인 반복으로 일 처리를 하게 될 수도 있다. 그렇게 되었을 때 장인이 될 수 있는 충분한 시간이 쌓였음에도 불구하고 평범한 직공으로 남게 된다. 조용필처럼 끊임없이 자신을 쇄신하기 위한 노력을 해야 자신의 분야에서 한 획을 그을 수 있다. 조용필이 라디오를 선별해서 듣고 노래방에서도 본인의 노래를 불렀듯이 주변에서 할 수 있는 작은 공부부터 시작하면 좋다.

이문세는 "공연 생각은 많이 했어도 조용필 선배처럼 음반에 대해서는 오랫동안 파지 않았다며 반성했고, 처음부터 다시 시작하는 마음으로 음반을 준비할 생각"이라고 말했다. 후배에게 이런 자극을 줄 수 있는 선배가 된다면 정말 멋진 일이다. 그리고 이런 훌륭한 후배가 있는 것 또한 감사할 일이다.

무언가를 창조해야 하는 분야에 종사하는 사람들에게 한두 번의 행운은 찾아올지도 모른다. 하지만 그런 행운은 오래가지 못한다. 좋은 습관을 반복하고 반복하면서 진지하고 성실한 태도를 보여라. 전문가로 인정받게 되면 주변에 미치는 영향력의 크기가 커진다. 이런 영향력은 자연스럽게 주변으로 퍼져 주변 사람의 성장과 발전에도 이바지하게 된다.

『자조론』의 저자 새뮤얼 스마일즈는 윌리엄 셰익스피어에 대해서 "그는 철저하게 공부하는 학생이자 열심히 일하는 노동자였음이 분명하며, 덕분에 그의 작품은 오늘날까지 지대한 영향을 미치고 있다."라고 말했다. 셰익스피어의 작품은 상세한 묘사와 실감 나는 표현으로도 유명한데 그것은 그의 경험과 예리한 관찰력 덕분이다. 셰익스피어가 말 장수, 목사, 어부였다는 설이 있는데 그것은 그의 작품에서 나타난 각종 용어가 관련 분야에 대한 경험이 없다면 도저히 쓸 수 없는 것들이 다수 포함되어 있기 때문이다. 조용필과 셰익스피어의 공통점은 철저하게 공부를 했고, 자신의 분야에서 열심히 일하고 즐겼다는 것이다. 그런 탁월한 공부가 대문호와 가왕을 만들었다. 공부로 일보전진 하는 삶을 살도록 노력하자.

02
죽어라 하는
공부가 나를 살린다

일본 최고의 부자는 손 마사요시다. 한국 이름은 손정의, 일본 소프트 뱅크 회장이다. 아시아의 빌 게이츠로 불리는 그는 1957년 8월생으로 만 16세인 1974년 미국으로 유학을 떠났다. 여름방학이 되어 일본으로 돌아온 그는 일본 맥도날드의 창업자인 후지타 덴을 너무너무 만나고 싶어 했다. 일본에서 베스트셀러가 된 『유대인의 상술』을 읽고 맥도날드의 경영전략과 레이 크록이라는 인물에 대해서 감명을 받았는데, 어쨌든 그 책의 저자가 바로 후지타 덴이었기 때문이다. 그래서 하네다 공항에 도착하자마자 후지타 덴의 비서에게 전화를 걸었다.

"저는 후지타 씨의 책을 읽고 무척 감동하였습니다. 제발 딱 한 번만 만나 뵙고 싶습니다. 3분간만 사장실에 들여보내 주시기만 하면 됩니다." 당시 어린 학생이었던 그의 이야기를 들은 회사직원들은 코웃음을 쳤지만, 그는 포기하지 않고 일주일 내내 회사로 찾아갔다. 그의 정성에 감동받은 한 직원은 후지타 사장에게 내용을 전했고 결국 15분의 미팅이 허락되었다. 손정의는 "제 꿈은 사업가입니다. 앞으로 무슨 사업을 하면 좋겠습니까?"라고 물었다. 후지타는 "너의 열정이 참으로 대단하구나. 어떤 길을 가야 할지 모른다면 아무리 열정이 있어도 소용없단다. 앞으로는 컴퓨터 비즈니스 시대다. 내가 자네 나이라면 컴퓨터를 하겠다."라고 조언을 해주었다.

열정도 중요하지만, 목표를 확실히 잡는 것이 더욱 중요하다는 깨달음을 얻은 손정의는 그 만남 이후로 더욱 공부에 매진하였다. 그는 정말 죽기 살기로 공부했다. 수업은 한 번도 빼먹지 않았고, 항상 맨 앞줄에 앉았다. 언제 어디서나 책을 읽었고 식사 중에도 왼손에는 책을 들고 오른손에는 포크를 들면서 눈은 계속 책에 집중했다. "학생의 본업은 공부다. 죽어라 공부하지 않으면 벌 받을 거다." 그는 그런 각오로 정말 죽기 살기로 공부했다.

손정의는 버클리 대학 3학년인 19살에 이미 '인생계획 50년'을 세웠다. 또래의 학생들이 데이트에 열을 올릴 때 이미 기업가의 마인드로 계획을 세운 것이다. '인생계획 50년'을 간단히 소개하면 다음과 같다. 20대, 이름을 알린다. 30대, 사업자금을 모은다. 40대, 큰 승부를 건다. 50대, 사업을 완성한다. 60대, 다음 세대에 경영권을 넘긴다. 이렇게 10년 단위의 계획을 세운 그는 지금까지 흔들림 없이 계획대로 진격하고 있다.

그는 버클리 대학 시절 '아이디어 뱅크'라는 노트를 만들어서 좋은 아이디어가 떠오를 때마다 메모했다. 그 결과의 하나로 자판을 누르면 영어음성이 나오는 전자음성 번역기를 발명했는데 이것은 그가 최초로 상업화한 아이디어였다. 미국에서 전자음성 번역기를 발명하고 시제품을 가지고 일본에 돌아온 그는 평소 기업인 마쓰시타를 존경했기에 마쓰시타 전기를 찾아갔지만, 문전박대를 당했다. 그다음 찾아간 곳은 산요 전기였지만 역시 결과는 좋지 않았다. 하지만 그는 포기하지 않고 더 이상 최종결정권이 없는 일반직원들이 아닌 회사 내에서 가장 영향력 있는 사람과 이야기하기로 마음을 먹었다.

그는 먼저 변리사협회에 전화를 걸어 샤프전자와 가장 많은 일을 하는 특허사무실을 알려달라고 한 후 안내직원이 알려준 사무실로 연락해서 전자음성 번역기의 특허를 의뢰했고 샤프전자에서 가장 영향력이 큰 인물이 누구인지 물었다. 이미 특허의뢰를 받은 변리사는 어쩔 수 없이 샤프전자의 사사키 전무와의 만남을 주선하기까지 했다.

사사키를 처음 만난 손정의는 이런 질문을 던졌다. "우주의 끝에는 뭐가 있을까요? 우주의 처음 시작은 어땠을까요?"가 바로 그 질문이다. 비즈니스를 위한 자리에서 만나자마자 우주에 대해 이야기를 하는 청년이 처음에는 무척 이상하고 당황스럽게 여겨졌지만 사사키는 한편으로 그런 손정의에게 강한 매력을 받았다고 한다. 사사키는 제품보다 손정의라는 인물에 매료되어 이 만남 이후로 그의 평생 후원자가 되었다.

버클리대를 졸업하고 일본으로 돌아온 손정의는 1981년 9월, 24세의 나이에 자본금 1000만 엔으로 소프트뱅크를 설립했다. 직원이라고는 아르바이트생 2명뿐이었고 사무실 가구도 변변치 못했던 상황에서 사과 궤짝에 올라서서 소프트뱅크는 5년 뒤 매출 100억엔, 10년 뒤 500억엔, 30년 뒤에는 조 단위의 매출을 달성하는 회사가 될 것이라는 비전을 선포했다. 손정의와 소프트뱅크의 비전을 이제는 대부분의 사람이 자연스럽게 믿고 있지만, 당시에는 손정의 자신만 믿었던 비전이었다.

손정의는 한때 시한부 인생을 선고받았다. 1982년 중증 간염으로 5년 정도밖에 살 수 없다는 시한부 인생을 선고받은 것이다. 그는 3년 이상의 투병 기간 동안 3천 권 이상의 책과 잡지, 만화 등을 손에 잡히는 대로 읽었고 많은 생각을 하는 학습의 기회로 삼았다. 자신의 일생에서 마음껏 책을 읽을 시기는 더 이상 없을 것으로 생각하고 한 권이라도 더 읽고자 결심한 결과였다.

그가 주로 읽은 책은 비즈니스, 역사 그리고 성공담에 관한 것들이었다. 카네기, 록펠러, 혼다 소이치로, 마쓰시타 고노스케의 책도 즐겨 읽었다. 손정의가 가장 좋아하는 책은 『료마가 간다』이며, 그 외에 『손자병법』과 『란체스터 법칙』이 있다.

1998년 6월 김대중 대통령의 초청으로 손정의는 빌 게이츠와 나란히 한국을 방문했다. 김대중 대통령은 IMF로 위기에 처한 한국이 경제를 회복하려면 어떻게 해야 하는지를 물었고 이에 손정의는 첫째도 브로드밴드, 둘째도 브로드밴드, 셋째도 브로드밴드라고 조언했다. 김대중 대통령은 빌 게이츠에게 손정의의 생각이 어떤가를 물었고 빌 게이츠는 100% 찬성이라고 대답했다. 이에 김대중 대통령은 세계적인 IT 리더들의 조언대로 한국을 브로드밴드 강국으로 만들겠다고 약속했다. 그러면서 "브로드밴드가 뭐요?"라고 물었다고 한다.

생소한 용어에 대해서는 잘 몰랐어도 김대중 대통령 역시 정보화 시대에 대한 준비가 필요함을 직감하고 이런 만남을 주선했으니 대통령 역시 대단하신 분임이 틀림없다. 손정의 회장의 조언 이후 김대중 정부 시절부터 초고속인터넷을 위한 인프라 구축은 국가정책으로 시행되었고 대한민국은 발전에 발전을 거듭하여 명실상부 세계 최고의 인터넷 강국이 되었다.

어느 대학 강단의 강연에서 그는 이런 말을 남겼다. "내 사업으로 말미암아 세상 어딘가에서 어린 소녀가 방긋 미소를 짓는다. 그런 한순간을 위해 업계 넘버원이 되고 싶다. 항상 진심으로 그렇게 생각하고 있다." 손정의는 정말 매력적이고 열정적인 인물이다. 누구든지 그와 5분 이상 대화를 나누면 그의 매력에 빠져든다고 한다. 손정의는 300년이라는 희망을 지니고 회사를 운영하고 있다. 당신의 비전은 몇 년인가? 정보혁명으로 사람을 행복하게 만드는 일이 손정의가 이루고 싶은 꿈이자 목표다.

"백 년 전에 태어났더라면 공부는 사치였다. 이런 시대에 태어나 공부한다는 것은 나에게 있어 가장 큰 기쁨이다."라고 그는 말했다. 공부를 한다는 것은 정말 큰 기쁨이다. 죽어라 공부한다면 죽어가는 인생을 살릴 수 있다. 공부는 자기 자신을 들여다보고 자신과 끊임없이 대화하는 행위다. 손정의 회장의 '인생계획 50년'과 같은 분명한 목표가 있고 하는 공부가 있다면 당신은 이미 최고를 향해서 가고 있어야 한다.

손정의 회장의 이마는 심하게 넓은 편이다. 그의 트위터에 어느 네티즌이 머리카락이 후퇴해도 심하게 후퇴했다고 글을 남겼을 때, 손정의는 머리카락이 후퇴한 것이 아니라 내가 전진한 것이라고 리트윗을 했다. 이 얼마나 유쾌한가. 혼신을 다해 죽어라 공부하면 위대한 사업가가 될 수 있고 이렇게 멋지게 하루하루 전진할 수도 있다.

공부를 멈추면
아무것도 달라지지 않는다

직장인이라면 누구나 출근하기가 죽을 만큼 싫었을 때가 한두 번쯤은 있었을 것이다. 술 마신 다음날이 특히 그렇고 피로가 쌓여 몸이 꿈쩍하지 않을 때도 그렇다. 물론 월요병도 있다. 주 5일 중 절반 이상 그런 마음이 들면 아침에 세수하거나 면도를 하다가도 문득 회사를 그만두고 싶다는 생각이 들기도 한다. 하지만 그렇게 하지 못하도록 발목을 잡는 것들이 있다. 아파트 대출금, 자동차 할부금, 각종 공과금, 자녀들 교육비 기타 등등 매월 고정적으로 발생하는 지출들이 기분에 따라서 회사를 그만두지 못하게 만드는 가장 큰 이유다.

창업하더라도 최소 6개월 이상은 손님 없이 버틸만한 금전적인 여유가 있는 상태에서 도전하라고 한다. 회사를 당장 그만두고 6개월 이상을 버틸 수 있는 직장인이 얼마나 있을까? 6개월 이상을 버틸 수 있다고 하더라도 그 뒤에 이어지는 안정적인 수입원이 없다면 우리는 하루하루에 감사하면서 회사에 충실해야 한다.

회사의 조직구조는 피라미드다. 위로 갈수록 올라설 수 있는 자리가 좁아진다. 직장에서 10년 차 이상이 되면 부서이동의 폭도 점점 좁아지고 구조조정과 인원감축 소식에 점점 귀를 기울이게 된다. 신입사원 시절에는 넘치는 의욕 하나만으로도 실수하고 혼나더라도 출근이 두렵지 않았지만 10년 차 이상부터는 압박감과 스트레스로 '직장인 우울증'에 걸린 확률이 더 높다. 직장인 우울증은 생산성 저하로 이어지기 때문에 사회적인 관심도 필요하다.

대한신경정신의학회는 제46회 정신건강의 날을 맞아 직장인 성인남녀 1,000명을 대상으로 '직장 내 우울증 조사'를 실시했다. 우리나라 직장인은 우울증으로 진단받은 비율이 전체 7%로 유럽이나 다른 선진국에 비해서 매우 낮은 비율을 보였는데 그 이유는 사회적 편견과 직장 내의 불이익 때문에 자연스럽게 진단을 받지 못하기 때문이었다. 우울증을 진단 받은 직장인의 4명 중 1명은 회사를 그만뒀으며, 휴직한 경우는 31%에 달한다.

직장 생활은 본인은 물론 처자식의 생계까지 책임져야 하는 생존의 장이다. 생존의 장에서 위에서는 눌리고 밑에서는 치고 올라오면 숨이 막히기도 한다. 요즘 신입사원들은 영리해서 1~2년만 지나도 누가 계속해서 위로 올라갈지 누가 만년대리나 만년과장으로 남을지를 예리한 촉으로 알아챘다. 그리고 본인과 코드가 맞는 될성부른 선배에게 줄을 선다. 소위 말하는 라인을 구축하고 줄을 서는 것이다. 그런 그들의 행동을 뭐라 탓할 수는 없다. 그것은 나름대로 그들만의 생존방식이다. 나를 믿고 따르는 후배들이 없다는 건 순전히 내 탓이다.

직장에서의 지위는 누가 만들어주지 않는다. 내가 만들어 가야 한다. 근속연수가 10년을 넘었는데도 나를 믿어주는 상사가 없거나 나를 따르는 후배가 없다면 이상한 일이다. 본인에게 스스로 옐로카드를 내밀어야 한다. 회사 내에서의 입지는 인사고과의 점수만으로는 알 수 없다. 출근하기 싫고 우울증에 걸렸다면 나는 만년대리나 만년과장 부류가 아닌지 점검해보자. 그런 부류는 매사에 열정이 없고 웃음이 없다. 만약 내가 그런 부류라면 조금씩이라도 어제와는 다른 삶을 살도록 노력해야 한다.

아인슈타인은 "어제와 똑같은 삶을 살면서 다른 삶을 기대하는 것은 정신병 초기 증상이다."라고 말했다. 우리는 어제와 다른 오늘과 내일을 만들기 위해서 끊임없이 호기심을 갖고 공부를 해야 한다. 누구도 내일을 장담할 수는 없다. 그 내일에 대한 불안을 덜어줄 수 있는 것이 바로 공부다. 공부를 멈추면 아무것도 달라지지 않지만, 공부를 계속하면 인생은 점점 밝고 아름다운 곳으로 항해를 시작한다.

공부는 어제와는 다른 삶을 살게 만들어주는 힘이 있다. 그것이 공부의 힘이다. 하지만 남들이 다하는 공부나 트렌드에 편승하는 공부는 피해야 한다. 명확한 목표를 먼저 설정한 후 궤도에 올라야 이탈하지 않고 목적지에 무사히 도착할 수 있다. 무작정 영어공부를 하기보다는 인생 2모작을 위한 공부에 좀 더 주력해야 한다. 퇴직 후에도 영어를 활용해서 인생 2모작을 준비하는 것이 플랜이라면 영어에 집중해야 한다. 향후 영어를 활용한 수입이 학원비보다 클 거라면 영어학원에 다니면서 목숨을 걸어도 좋다.

하지만 그것이 아니라면 현실적이고 현명하게 선택해서 공부를 해야 한다. 퇴직 후 활용하지 못할 곳에 시간을 많이 투자하기보다는 관심 분야에 시간과 돈과 에너지를 집중하는 것이 좋다. 지인 중에 미술작품수집이 취미인 분이 있다. 평소에 읽는 책은 미술사에 관련된 책들이며 주말이면 갤러리에 나가 작품감상도 하고 마음에 들면 구매를 하기도 한다. 때로는 미술품과 관련된 경매사이트에서 작품을 구경하기도 하고 경매를 통한 구매도 이루어진다. 그리고 해외작가와 직접 전화와 이메일을 통해 연락한 후 작품구매를 하기도 한다.

직장인들이 활용할 수 있는 시간은 평일 저녁과 주말이다. 평일 저녁과 주말을 활용한 시간이 10년 이상 쌓이면 충분히 전문가가 될 수 있는 시간이다. 우리의 몸은 하나지만 많은 역할을 감당하고 있다. 회사에서는 누군가의 선배나 후배 또는 동기가 된다. 가정에서는 남편이나 아빠 또는 아들이 되기도 한다. 나이가 들수록 일과 삶의 균형에 더욱 신경을 써야 하는 것이 현실이다. 평일 저녁 시간 전부와 주말 시간 전부를 자기계발과 공부에 투자하라는 말이 아니다. 평일 저녁시간 중 3일 정도와 주말 중 하루 정도면 충분하다. 나머지 요일과 주말의 하루는 친구나 직장동료 또는 가족과 함께하면 인간관계에서도 균형이 잡힌다. 중요한 것은 개인적으로 시간을 확보하는 것이고 독하게 실행시키는 것이다.

KBS 2TV에서 방영해 인기를 끈 〈직장의 신〉에서 김혜수가 열연한 미스 김은 자격증 124개를 취득한 능력자로 등장한다. 드라마이긴 하지만 자기 시간을 확보하고 독하게 실행한다면 100개가 넘는 자격증도 충분히 가능하다는 생각이 든다. 자격증 덕분인지 몰라도 미스 김은 계약직이지만 회사에서는 슈퍼 갑으로 통한다.

〈직장의 신〉에는 공감 백배 되는 명대사가 참 많이 등장했다. 미스 김은 홈쇼핑에서 '완판 신화'를 이룬 뒤 상사로부터 정규직을 제안받는다. 그러나 미스 김은 "회사는 일하고 정당한 대가를 받는 곳일 뿐입니다. 정규직이 되어 회사의 노예가 되고 싶지 않습니다."라고 말한다. 상사에게 감히 이렇게 말할 수 있는 계약직원이 몇 명이나 있을까? 직장인 대부분은 극 중 오지호가 연기한 정규직처럼 "노예처럼 다니는 회사, 나에겐 꿈이고 전부다."라고 말할 것이다. 정규직은 또 이런 말을 하기도 했다. "내가 회사 다니면서 가장 좋아하는 네 마디가 뭔 줄 알아? '내일 보자.' 나는 이 말이 제일 좋아."

그렇다. 잘리지 않고 정년 때까지 무사히 하루하루 출근해서 오늘도 내일도 볼 수 있는 것이 평범한 직장인들의 꿈이다. 하지만 그 꿈은 본인의 의지와는 상관없이 꺾일 수도 있다. 10년 이상 직장생활을 하다 보면 직장인 우울증이나 사춘기 같은 것을 한 번쯤은 경험했을 것이다. 나도 3년 차, 5년 차, 7년 차. 이렇게 3년 차 이상 홀수년에 한 번씩 3번을 경험했다. 매일 반복되는 똑같은 업무에서 의미를 찾을 수 없었고 직장 안에서 나의 비전이 보이지 않았다는 것이 가장 큰 이유였다. 하지만 정말 하고 싶은 일을 찾고 그것이 이루어진 모습을 상상하면서 다시 힘이 생겼다.

내 은퇴 계획 중 하나는 북카페를 운영하는 것이다. 카페를 운영하기 위해서 제대로 맛을 낼 줄 아는 바리스타를 고용할 계획이지만 기본적으로 나도 맛있는 커피를 뽑을 줄 알아야 한다는 생각에 바리스타 자격증을 취득했다. 물론 황금 같은 저녁 시간과 주말 시간을 이용해서다. 이렇게 꿈이 하나 생기다 보니 생활에 활력이 넘친다. 내 카페에 장식되는 그림들은 그동안 내가 안목을 키워서 고른 그림들이 될 것이다. 그래서 지금도 기회가 되면 열심히 전시회에 찾아가서 그림을 감상한다. 또 하나 관심을 두고 공부하는 것은 가구와 인테리어다. 내가 구상하는 북카페에 잘 어울리는 가구와 인테리어는 어떤 것일지 꾸준하게 자료를 수집하고 있다. 이 모든 것은 공부이지만 한편으론 커다란 즐거움이다.

전쟁에서뿐만 아니라 인생에서도 전략과 전술은 중요하다. 하고 싶은 것을 찾는 것은 전략이고 언제 그것을 시작할지는 전술이다. 우선 전략을 수립하라. 전술을 펼치는 시기는 각자가 지닌 능력의 크기에 따라서 달라질 것이다. 끊임없이 전략을 수립하고 실행해나간다면 우리는 인생에서 무언가를 변화시키거나 창조해 나갈 수 있다. 공부를 멈추면 우리 인생은 아무것도 달라지지 않는다. 남은 직장생활과 인생을 성공적으로 만들어 가려면 좋아하는 것을 즐기는 공부를 멈추지 말아야 한다. 그것이 직장의 신도 되고 인생의 신도 되는 방법이다.

04
공부로 세상의
변화를 읽으면서 가자

매킨토시가 세상에 등장하기 전까지 컴퓨터 시장의 강자는 IBM이었다. 하지만 IBM 컴퓨터는 명령어를 일일이 입력해서 사용해야 했고 쉽게 조작할 수 없어서 일부 전문가들만이 이용했다. 1984년 미국 캘리포니아주 쿠퍼티노 플린트센터에서 스티브 잡스는 매킨토시를 PC의 미래를 바꿔놓을 제품이라고 소개했다. 그 후 30년이 지난 지금 그는 이미 고인이 되었지만 우리는 스티브 잡스에게 아직 열광하고 박수를 보낸다.

마우스를 적용한 최초의 컴퓨터인 매킨토시는 스티브 잡스와 스티브 워즈니악에 의해서 탄생했다. 이들은 일부 전문가들만이 아니라 모두가 컴퓨터를 소유하며 사용하는 세상을 위해서 제품을 개발한 것이다. 복잡

한 명령어를 입력하지 않아도 마우스를 이용해 커서를 이동시켜 프로그램을 실행시키는 방식은 아직도 적용되고 있다.

스티브 잡스는 독선적인 성격과 고집 탓에 자신이 창업한 애플컴퓨터에서 쫓겨나는 비운을 경험했다. 그런 충격적인 경험을 안고 다시 애플로 복귀하기가 쉽지 않았을 텐데 그는 1996년 애플로 다시 복귀한다. 자신이 창업한 또 다른 회사인 넥스트를 인수 합병시키는 조건으로 돌아온 것이다. 애플에 남아 스티브 잡스를 기다리던 직원들의 도움으로 애플은 다시 빠르게 회복세를 이어간다.

현재 애플의 주력상품은 애플컴퓨터가 아니라 스마트 폰인 아이폰과 테블릿 PC인 아이패드다. 아이폰이 처음 세상에 나왔을 때는 어떻게 이런 제품이 세상에 나왔는지 정말 놀라웠다. 스티브 잡스는 정말 천재다. 그는 어떻게 이런 제품을 생각하고 세상에 선보인 것일까? 그는 애플의 성공에 대해 공식 석상에서 "창의적인 제품을 만든 비결은 우리가 항상 기술과 인문학의 교차점에 있고자 노력했기 때문이다."라고 밝혔다.

그는 리드 칼리지 시절에 플라톤과 호메로스 등 인문고전을 접했고 하루하루 오늘이 인생의 마지막 날이라면 오늘 내가 하고자 하는 일을 할 것인가를 고민했다. 만약 '노'라는 답이 나오면 하고자 하는 일 보다 가슴이 시키는 일을 해야 한다는 것을 깨달았다. 그는 신은 영원하지만, 인간은 유한한 존재라는 것을 다른 누구보다 잘 알고 있었고 그것을 인식하면서 살았다.

우리의 삶은 유한하여서 마치 오늘이 생의 마지막 날인 것처럼 후회 없이 살아야 한다. 그렇게 되면 죽음 앞에서도 초연해질 수 있고 가슴이 시키는 대로 살아갈 수 있다. 이렇게 죽음을 인식하면 삶은 오히려 풍요로워진다. 스티브 잡스는 57세의 젊은 나이로 생을 마감했지만, 행복한 죽음을 맞이했을 것이라고 감히 미루어 짐작한다. 그의 삶은 언제나 지금 당장 죽어도 여한이 없을 정도로 뜨거웠기 때문이다. 만약 삶이 늪에 빠져서 허우적대고 있다는 느낌이 든다면 가슴이 내게 무슨 말을 하는지 경청하는 시간을 가져야 한다.

잡스는 인생에는 항상 과제가 있어야 한다고 했다. 뭔가 바로 잡고 싶은 것, 열정으로 임할 수 있는 그 무엇이 그가 말한 과제다. 삶이란 것은 그저 순응하고 받아들이는 게 아니라 변화시키고 발전시키고 자취를 남기는 것이다. 그것만 깨달으면 삶은 완전히 달라진다. 개인용 컴퓨터의 시대가 올 것이라는 시대의 흐름을 읽은 그는 회사 이름을 고민하면서 제품을 보는 순간 갖고 싶게 만드는 이름이어야 한다고 했다.

창조의 열매, 애플. 번뜩이는 영감에 의해 그는 회사명을 애플로 정했지만, 친구 워즈니악은 썩 마음에 들어 하지 않는 표정이었다. 하지만 잡스는 "나중에 바꿔도 돼! 일단은 그걸로 하자."라고 말하면서 회사 이름을 애플로 하기로 한다. 애플이란 이름은 아직도 건재하다. 다행히 워즈니악이 이름을 바꿀 기회를 사용하지 않았기 때문이다. 그리고 이제는 회사 이름을 함부로 바꿀 수 없을 정도로 애플은 엄청나게 커져 버렸다.

애플의 성공신화는 잡스의 인문학에 대한 공부와 자기 성찰이 바탕이 되어 세상의 변화를 읽으면서 갔기 때문이다. 성공한 기업인들은 꾸준히 무언가를 변화시키거나 창조한다. 그리고 그것을 바탕으로 미래를 개척해 나간다. 시련이나 실패가 찾아와도 참고 견디면서 다시 도전한다.

헬렌 켈러는 "한쪽 문이 닫히면, 다른 쪽 문이 열린다. 그러나 흔히 우리는 닫힌 문을 오래도록 보기 때문에 열려 있는 문을 보지 못한다."라고 말했다. 우리가 자주 범하는 오류 중에 하나가 바로 이것이다. 모든 위기는 기회인데 그것을 깨닫지 못하고 앞으로 나아가지 못하면 세상이 오히려 당신을 앞질러 갈 것이다.

한때 대중적인 인기를 누렸던 폴라로이드 카메라는 1948년 11월에 판매가 시작되었다. 당시 폴라로이드 사진은 혁신적인 기술이었고 대중은 폴라로이드의 매력에 흠뻑 빠졌다. 1953년 한 해만 90만대를 판매하기도 했다. 폴라로이드 탄생의 배경은 개발자인 에드윈 랜드가 가족과 함께 여행하면서 그의 딸이 "왜 지금 사진을 볼 수가 없어요?"라는 질문에서 시작되었다. 딸의 말을 무심히 흘려듣지 않고 가슴속에 담아둔 랜드는 사진을 찍음과 동시에 사진을 볼 수 있는 기술을 연구하는 수많은 실험을 했다.

변화와 혁신을 통해서 창립된 폴라로이드였지만 위기가 찾아왔다. 1970년대에 코닥과의 특허권 침해소송으로 지루한 법정공방을 벌이게 된 것이다. 무려 14년간 계속된 법정공방은 코닥으로부터 10억 달러를 받아낸 폴라로이드의 승리로 끝났다. 하지만 어디서부터 잘못되었는지 1978년에는 2만 명이 넘던 직원들이 1991년에는 5천 명으로 줄었다. 그리고 결국 2001년에는 파산했다.

폴라로이드에서는 즉석 사진기술의 선두주자가 되기 위해서 디지털 카메라 제작을 시도하려고 한 적이 있다. 하지만 필름 매출과 관련이 없다는 이유로 프로젝트는 중단되었다. 또한, 잉크젯 기술을 세계 최초로 개발할 수도 있었지만, 시장의 기대에 부응하지 못할 것이라는 이유로 프로젝트는 없어져 버렸다. 세상의 변화를 읽고 앞으로 나아가야 하는데 회사활동의 방향이 제조와 비용절감에 맞춰져 있었기 때문이다.

변화는 항상 익숙하지 않은 것이기 때문에 어색하고 불편하게 다가온다. 하지만 우리가 변화를 받아들여야 하는 이유는 변하지 않고 익숙해진 편안함에 길들여진다면 우리가 더 크게 성장할 수 있는 잠재력과 기회를 낭비하게 되는 것이기 때문이다. 변화가 없다면 성장은 있을 수 없다. 나는 직장생활 3년 차에 일본드라마에 빠져서 출퇴근 시간과 주말 시간의 대부분을 일본드라마에 할애하면서 지냈다. 일본 드라마는 사랑 이야기에 국한되지 않고 이야깃거리가 다양한 것이 장점이다. 1년 넘게 일본 드라마를 섭렵하면서 좋아하는 배우가 생기기도 했다. 남자배우로는 기무라 타쿠야와 아베 히로시. 여자배우로는 아야세 하루카와 다케우치 유코를 좋아한다.

일본어는 우리말과 어순이 같다. 그래서 영어보다는 시작하기 쉬운 언어다. 일본드라마를 보기 시작하면서 회사 근처에 있는 시사일본어학원에서 2년 동안 일본어 공부를 했다. 고등학교 때는 제2외국어가 독일어였고 일본어 공부는 서른이 넘어서 처음 시작하는 거였다. 영어도 제대로 못 하면서 일본어를 배운다는 것이 상당히 조심스러웠지만 지금 생각해보면 그때 조금이라도 배워두길 정말 잘했다는 생각이다.

외국어를 배운다는 것은 그들의 문화를 이해하고 또 다른 삶의 방식을 배우는 것이다. 세상의 변화를 우리말이 아닌 영어나 일어 기타 등등 다른 나라의 언어로 감지할 수 있는 능력이 있다면, 그것 또한 커다란 힘이 될 것이다. 인문학 공부를 통해서 통찰력을 얻고 좋아하는 외국어 공부를 병행한다면 세상의 변화를 읽고 앞서나갈 수 있게 된다.

불행은 끝이 아니라
행복의 시작이다

05
직장에 몸 담고
있을 때 공부하라

1970년대 후반 삼성그룹에 이상한 신입사원이 입사했다는 소문이 퍼졌다. 그는 다른 신입사원들과는 달리 업무가 끝나도 바로 퇴근하지 않고 자신이 회사에 가져다 놓은 야전침대에서 책을 읽으며 공부를 했다. 그리고 언제나 회사에서 가장 늦게 퇴근했다. 대부분 명문대를 나온 동기들은 왜 상사들이 제대로 업무를 가르쳐주지 않는지 불만이었지만 그는 달랐다. 그런 분위기에 휩쓸리지 않고 자기 스스로 다양한 방법으로 고민하고 공부하면서 회사생활을 즐긴 것이다.

이런 소문이 사내에 퍼지자 어느 날 상사가 다가와서 늦게까지 혼자 남아서 열심히 일하고 공부하는 이유를 물었다. 그는 이렇게 대답했다.

"사장이 되고 싶습니다!" 이 말은 들은 상사는 코웃음을 치며 돌아갔다. 하지만 몇 달이 흐른 뒤 조직에 변화의 바람이 불어왔다. 중요하고 빨리 처리해야 하는 업무들이 생길 때마다 동기는 물론이고 상사들까지 그를 찾기 시작했다. 그가 그동안 혼자 남아서 지독하게 공부한 것들이 결실을 보는 순간이 찾아온 것이다. 그는 입사 1년 만에 누구나 인정하는 회사의 구원투수가 되었다.

그는 승진을 거듭해서 15년 뒤에는 부장이 되었다. 어느 해 연말 회사의 정기 인사를 앞두고 비서실 임원이 그를 불러서 희망 회사를 먼저 물어보는 호의를 베풀었을 때, 그는 주저 없이 지금 있는 부서에 계속 남고 싶다는 의사를 밝혔다. 충분히 더 비전이 있는 다른 곳으로 옮길 수도 있었지만, 그는 15년 이상 열정을 불태운 곳에 남아서 끝을 보고 싶어 했다. 결국, 그는 그렇게 남아서 혼신을 다한 끝에 간절히 원하던 목표인 사장이 되었다.

신입사원이라면 각자 재능은 조금씩 다르겠지만, 어느 정도는 동일 선상에 서서 출발을 하는 것이다. 하지만 그들의 15년 후나 20년 후의 모습은 입사 후 이떤 공부를 하고 어떤 감동을 선사했느냐에 따라서 달라진다. 대부분의 신입사원은 입사 1년 후 회사생활에 적응되면 현실에 안주하면서 인생을 즐긴다. 동료들과 술을 마시거나 당구를 치러 몰려다니는 것을 좋아한다. 가끔 그렇게 어울려 다니는 것은 스트레스 해소에 분명 도움이 된다.

문제는 지나침이다. 주 5일 근무에 4~5일을 친목 도모를 위해 몰려다니는 부류들이 있는데 그들의 10년 후는 회사보다는 술집이나 당구장

카운터에 저당 잡힌 것과 같다. 업무로 상사를 감동하게 하고 자신이 감동한다면 인생이 달라지지만, 단골이 되어 술집 사장이나 당구장 사장에게 감동을 준다면 그들의 인생을 풍요롭게 해줄 뿐이다.

인생을 살아가는 데 있어서 필요한 것 중 하나는 바로 전략이다. 언제, 어디서, 어떻게, 무엇을 해야 하는지는 평소 수립된 전략이 있다면 더 쉽게 성취할 수 있다. 5년 후 당신의 미래를 미리 그려보라. 5년 후 당신은 어디에 있을 것인가? 회사에 계속 남아 있어도 좋고, 능력이 된다면 회사를 떠나 더 큰 기회를 잡을 수 있는 세상 밖으로 나가도 좋다. 중요한 것은 직장에 몸담고 있는 이 시간이 축복받은 시간이라는 것이다. 이 장점을 잘 활용해야 한다.

직장에 다니면서 잘리지 않기 위해서 아부의 능력을 키우는 사람과 높은 곳을 향해서 자기계발을 하고 승진을 목표로 하는 사람은 질적으로 많은 차이가 난다. 사장이 되겠다는 목표를 세우면서 일하는 직원과 그런 목표가 전혀 없는 직원은 많은 부분에서 차이가 난다. 생산성과 업무의 질이 확실히 다르게 나타난다. 인재는 채용 당시의 화려한 스펙보다는 열정과 책임감 그리고 인성과 가치관이 만들어낸 결과물로 평가를 받는다.

출근 시간이 일정하게 정해져 있는 회사에서 대부분의 직장인은 빠르면 5분이거나 아니면 정시에 턱걸이하듯이 출근을 한다. 그건 무의식적으로 회사를 가기 싫어하는 심리가 바탕에 깔렸기 때문이다. 자발적으로 즐거운 마음에 출근하는 것이 아니라 질질 끌려가서 억지로 일한다는 생각을 평소에 가지고 있으면 일찍 나오기 싫고 일찍 출근할 수가 없다. 그런 사람들은 남들보다 30분에서 1시간 정도 일찍 출근해서 회사에서 맞이하는 평화와 여유로움을 모른다.

　태어나서 한 번쯤은 본인이 담당한 업무에서 최고의 열정을 불태워야 한다. 그런 경험이 있어야지 회사라는 온실에서 벗어나 홀로 섰을 때 사회의 냉혹함 속에서도 살아남을 수 있다. 애사심이 있고 맡은 업무를 좋아하는 사람들은 정해진 출근 시간보다 평균 30분 정도 일찍 출근하는 경향이 있다. 그리고 때론 밤늦게까지도 즐겁게 일한다. 누가 시켜서가 아니라 본인 스스로 그렇게 움직인다. 그들의 결과물은 확실히 다른 직원들에 비해서 훌륭하다.

　일본에서는 『삼성 성공의 비밀』과 『삼성식 업무 방법』이라는 책이 크게 인기를 얻었다. 대형서점에서 베스트셀러까지 오른 이 책들은 삼성직원들의 업무방식을 따라 하면 5년 안에 일류직원이 될 수 있다고 이야기한다. 1992년 어느 날 삼성의 한 부장은 신입사원들에게 신문을 좀 보고 세상이 어떻게 돌아가는지를 파악하라고 했다. 이 말은 들은 한 신입사원은 그 날 이후부터 출근 시간보다 30분씩 나와서 신문을 보기 시작했다. 신입사원들은 부상납 이상처럼 근무시간에 당당하게 신문을 펼치기가 힘들다.

　하지만 다른 사람들에게 눈치도 안 보고 부장님의 조언도 실천하고 싶은 마음에 출근 시간을 30분 일찍 앞당기면서 실천을 한 것이다. 그는 단순히 신문을 읽는 것에서 그치지 않았다. 펜과 메모지를 옆에 두고 공부하는 학생처럼 회사에 도움이 되는 정보들을 파악하면서 세상을 읽어 나갔다. 그런 그의 행동은 부지런한 직원, 공부하는 직원이라는 평판을 쌓는데에도 이바지를 했다. 부장의 한 마디를 가볍게 흘려듣지 않고 고민을 통해서 방법을 찾아 행동으로 실천한 그는 20년이 지난 2013년 누구나가 선망하는 삼성의 임원 자리에 올랐다.

하루하루 자신이 감동하는 일 처리를 하려고 노력하라. 그런 직원의 미래는 투명하고 아름답게 빛나는 보석처럼 다가올 것이다. 처음부터 유능하고 뛰어난 직원은 없다. 그렇게 되려고 노력하는 직원이 그렇게 되는 것이다. 결국은 생각과 태도가 큰 차이를 만든다.

목표를 분명히 세우는 것이 중요하다. 목표가 분명하다면 없는 시간도 충분히 만들어 낼 수 있다. 그것이 목표의 힘이다. 한꺼번에 너무 많은 변화를 이루려고 하면 탈이 난다. 아침에 30분 정도 일찍 출근해서 신문 보기와 같은 것들로 시작하는 게 좋다. 달성 가능한 1단계의 목표를 세우고 1단계의 목표를 향해서 전념해야 한다. 그다음 1단계의 목표를 달성하면 그 자리에서 다시 달성 가능한 2단계의 목표를 세워서 도전하라. 올바른 방향으로 계단을 오르듯이 그렇게 한 걸음 한 걸음 올라간다면 이룰 수 없을 것처럼 보이는 목표도 성취해나갈 수 있다.

소크라테스는 "세계를 움직이고 싶다면, 자기 자신부터 움직여라."라고 말했다. 직장에 몸담고 있을 때 회사라는 커다란 조직을 통해서 세계를 움직이고 싶다는 열정을 한 번 품어보라. 그러면 가슴이 정말 뜨거워질 것이다. 그리고 세계를 움직이는 시작은 나 자신부터 움직이는 것으로 시작된다는 것을 명심하라.

직장에 구속되어 자유가 없다고 생각할수록 공부를 해야 한다. 공부하는 이유는 자유롭기 위해서다. 그리고 결국은 인생의 행복을 위해서

다. 직장생활 10년을 돌이켜보면 하루하루는 오히려 엄청나게 긴 시간이었지만 지나고 보면 금방이다. 지금도 늦지 않았다. 그리고 지금이 가장 좋은 기회이다. 회사라는 든든한 울타리가 있을 때 인생 2모작을 위한 원대한 목표를 수립하고 즐겁게 공부하라. 공부하는 당신이 결국은 승리할 것이다.

06
공부,
절대 포기하지 마라

　이순우 우리금융지주 회장은 서강대와 한국경제신문이 공동개설한 'CEO 특강'에서 "어렸을 때 한 3000번쯤은 넘어져야 합니다. 그래야 나중에 스스로 잘 일어날 수 있습니다. 그러니 실패를 두려워하지 마세요."라고 말했다. 강연 내내 '실패'를 강조한 이 회장은 실패를 하더라도 절대 포기하지 말고 도전정신으로 극복해나가면 실패는 장애물이 아닌 인생의 밑거름이 된다고도 했다. 수많은 실패에 대한 경험은 오히려 그를 실패를 두려워하지 않는 사람으로 만들었다고 한다.

　그는 모죽에 관한 이야기도 했다. 모죽은 5년 동안은 죽순만 자라고 아무 변화도 없다가 5년 이후부터는 갑자기 성장해서 30m 이상 자라는 대나무다. 모죽의 처음 그 5년은 마냥 기다리기만 하는 시간이 아니라 성장을 위한 준비 기간이며 도전과 실패를 반복해서 경험하는 뜻깊은 시간이다. 자기반성과 자기분석의 시간이 길어지면 오히려 악영향을 미칠 수가 있다. 과거에 얽매이지 않고 현재에 집중하는 자세가 더 중요하다.

당신이 지금 40세나 50세라고 해서 도전과 실패를 두려워하지는 마라. 우리의 인생은 길어졌다. 정년퇴임을 한다고 하더라도 그건 사회적인 알람일 뿐이다. 링컨도 실패한 사업가였고, 셰익스피어도 마찬가지다. 나폴레옹은 실패한 수필가였고, 오프라 윈프리는 첫 직장에서 쫓겨난 실업자였다. 인생의 초반에 경험한 성공과 실패는 모두 모죽의 처음 5년에 해당하는 시간일 뿐이다.

인간의 참모습은 오히려 40세 이후에 세상에 드러난다. 그러니 그 이전의 삶에 너무 우쭐해 하거나 낙심할 필요는 없다. 나이는 정말 숫자에 불과하고 언제든지 우리는 목표를 달성할 수 있는 젊은 나이라고 의식을 전환하자. 그리고 도전과 실패를 두려워하지 말고 공부를 포기하지 말자. 언제 어디서든 모죽의 자세로 뿌리를 내리면 공부를 통해서 인간다운 삶을 영위해 나길 수 있다. 새로운 시작과 성장의 첫걸음은 그렇게 절대 포기하지 않는 공부를 통해서 온다.

세계적인 베스트셀러 작가이며, 기업가, 변화전문가로 유명한 세스 고딘은 『린치핀』이라는 책에서 "당신은 꼭 필요한 사람인가?"라는 도발적인 질문을 던졌다. '린치핀(LINCHPIN)'이란 대체 불가, 모방 불가, 측정불가의 재능을 뜻하는 말이다. 학교나 기업이라는 조직에 속한 사람들은 언제나 대체가 가능한 표준으로 길러지면서 항상 세뇌를 당한다. 그래서 무한한 잠재력을 모두 퇴보시킨다. 조직이라는 시스템은 혜택이 있는 반면에 인간의 창의성과 천재성 그리고 예술성을 봉인시키는 해로움이 있는 것이다. 우리는 모두 천재로 태어났으며 내면에 뛰어난 재능을 지닌 '린치핀'이다.

새로운 세계는 당신의 재능을 기다리고 있다. 그 재능의 봉인을 푸는 것은 절대 포기하지 않는 공부를 통해서 가능하다. 조직 내에서 생각 없는 노동자로 전락하지 말고 당신이 없으면 회사도, 조직도, 일도 제대로 돌아가지 않게 만드는 린치핀이 되어보는 것은 어떨까?

공부로 당신의 재능을 깨워서 당신을 조직에 선물하라. 선물은 사람을 하나로 묶는 힘이 있다. 시스템이 일한다고 하지만 결국 일을 하는 것은 사람이다. 그래서 가장 중요한 것은 사람과 사람을 연결해주는 것이다. 매력적인 린치핀이 되는 것은 공부를 통해서 가능하다.

앞으로 우리에게 펼쳐지는 세상은 상상력과 창의력이 더욱 중요한 시대가 될 것이다. 스마트폰이 삶을 혁명적으로 만들어 주었고, 이제 한 단계 더 나아가 사물인터넷이 점점 현실화되어가고 있다. 그다음에 펼쳐지는 세상은 정말 만화에서와 같은 일들이 벌어질시도 모른다.

이렇게 변해가는 세상 속에서는 유연한 사고방식과 긍정적 사고방식이 동시에 요구된다. 그 두 가지를 동시에 누릴 수 있게 해주는 것이 공부다. 10년 이상의 직장생활 이후에 다시 공부를 시작한다는 것은 성장통을 겪을 만큼 힘든 일 일지도 모른다. 하지만 사회적 알람에서 뒤늦은 공부를 시작한 이들은 겸손한 인격의 소유자임이 분명하며 오히려 지혜로운 사람이다.

나는 방송대에 다니고 있다. 처음 방송대에 등록한 해는 2003년이다. 전문대에서 경영학을 전공했기 때문에 자연스럽게 방송대 경영학과 3학년으로 편입을 했다. 처음 방송대에 등록했을 때의 목표는 최대한 졸업장을 빨리 따는 것이었다. 3학년으로 편입을 했으니 2년 만에 졸업을 한다면 정말 잘 하는 거라고 생각했다.

하지만 입학하기 전부터 방송대에 관해서 들은 이야기들이 모두 사실이었다는 것을 몸소 체험할 수밖에 없는 처참한 시간을 경험했다. 방송대에서의 공부는 누가 억지로 하라고 등을 떠밀지 않는다. 절대로 그렇다. 본인이 스스로 모든 것을 알아서 해야 한다. 방송강의를 안 들어도 크게 상관없다. 듣고 싶으면 수강 신청한 과목에 한해서 들을 수 있다. 리포트가 있는 과목은 지정된 기간 안에 온라인으로 제출을 하면 된다. 출석수업을 신청한 과목은 지정된 일시에 지정된 학교에 가서 수업을 들으면 되고, 중간고사와 기말고사를 마치면 한 학기가 끝난다.

남산에 있는 케이블카는 일단 몸을 실으면 저절로 알아서 꼭대기까지 올라간다. 아마 지금까지의 학교공부를 그렇게 해왔던 건 아닐까 하는 생각이 든다. 하지만 방송대의 공부는 누가 뭐라고 하는 사람이 진혀 없다. 바닥부터 목적지까지 올라가야 하는데 몸만 실으면 되는 것이 아니다. 케이블카 타는 것에 비유하면 케이블카를 내가 직접 운전하면서 올라가야 하는 것과 같다. 방송대에 편입한 첫해에는 거기에 적응하느라 학점도 엉망이었다.

한 학기 6과목 중에서 F가 기본 3개 이상이었다. 방송대에서 시험을 잘 보는 요령은 강의를 잘 듣고 기출문제를 잘 풀면 된다. 이게 말이 쉽지 막상 해보면 쉽지 않다. 하지만 그때는 이 요령도 잘 몰랐다. 몇 번이고 그만둘까를 생각하다가 포기보다는 잠시 쉬기로 하고 일 년을 쉬었다. 그리고 쉬면서 경제신문을 구독하기 시작했는데, 경제신문을 읽는 재미가 생기고 본격적으로 경제에 대해서 배우고 싶다는 생각이 들어서 전공을 경제학으로 바꿔서 방송대 생활을 다시 시작했다.

처음 경영학과로 입학했을 때와 다른 점은 졸업장이 목적이 아니라 학문에 대한 호기심과 배움에 대한 열정으로 의식이 전환된 상태에서 다시 도전했다는 것이다. 그런데 그렇게 다시 도전했지만 막상 졸업하기는 쉽지 않았다. 경제학과 3학년으로 편입을 했지만, 졸업을 하는 데는 4년이 걸렸다. 1학년으로 들어간 것과 별반 다를 바가 없는 시간을 보낸 것이다. 하지만 나름대로 의미를 부여하고 싶은 것은 방송대에 다니면서 그리고 방송대를 졸업하면서 인생이 조금씩 좋은 방향으로 변해가고 있다는 것을 느끼고 있다는 사실이다.

인생을 살다 보면 전문가가 되기 위한 자격증이 필요한 공부도 있다. 물론 그런 공부도 필요하고 중요하다. 하지만 어떤 공부라도 졸업장이나 증서가 아닌 순수한 배움에 대한 호기심과 열정을 다한 공부라면 분명 인생을 풍요롭게 만들어 주는 그 무엇이 있다. 그걸 깨달은 나는 방송대 영어영문학과에 다시 편입해서 지금도 공부하고 있다. 제때 졸업을 한다면 정말 좋겠지만 조금 늦더라고 상관은 없다. 방송대 영문학과 졸업은 끝이 아니고 과정일 뿐이다. 학업에 대한 목표는 그 이상으로 이미 계획하고 있으므로 과정을 즐기면서 행복하게 공부할 것이다. 이제는 방송대에서 공부하는 요령도 알고 재미도 찾았기 때문에 두려움이 없다.

2001년부터 미국의 명문대학인 하버드, MIT, 스탠퍼드는 무크 (MOOC:온라인 대중공개 강좌)를 실험적으로 실시했다. 무료이거나 저비용으로 최상의 교육을 제공하는 '무크'는 몇몇 대학에서는 학점으로 인정하기도 한다. 무크는 질은 좋으면서 상대적으로 저비용이기 때문에 새로운 대안으로 떠오르고 있다. 조지아 공대의 경우 온라인으로 컴퓨터공학 석사과정을 수료할 수 있다. 학령인구의 감소로 인하여 대학교의 입학정원은 줄어들고 있는 추세다. 이에 대학들은 살아남기 위한 자구책을 마련하여 구조조정을 감행하고 무크 같은 대안을 선보이고 있다. 이제 듣고 싶은 대학의 강의는 유학을 가지 않더라도 온라인으로 접할 수 있는 세상이 되어가고 있다.

18세기 실학사상을 집대성한 대한민국 최고의 실학자이며 개혁가인 다산 정약용은 "사람이 태어나서 책도 읽지 않고 무슨 일을 도모하겠는가? 백 년도 못 되는 인생, 공부하지 않는다면 이 세상에 살다 간 보람을 어디에서 찾겠는가?"라고 했다. 10년 이상 직장생활을 했다면 사고의 틀이 고정되어 있을 위험을 항상 경계해야 한다. 우리의 장점은 세상이 무엇인지 인생이 무엇인지 아는 상태에서 시작할 수 있다는 것이다. 그것이 바탕이 된 상태에서 하는 공부는 세상에서 가장 큰 기쁨을 안겨주는 것 중에 하나가 된다. 공부, 절대로 포기하지 마라.

07
나는 공부한다,
고로 존재한다

　현대경영학의 아버지로 존경받는 피터 드러커는 20대 초반 프랑크푸르트의 어느 신문사에서 금융 및 외교담당 기자로 회사생활을 시작했다. 그는 금융 및 외교뿐만 아니라 여러 주제에 대해서 다양한 글을 써 유능한 기자라는 평가를 받기 위한 공부계획을 세웠다. 그것이 훗날 그가 평생을 실천해온 공부법이 되었다. 그는 평생을 3~4년 주기로 주제를 정해서 공부했다. 그가 공부한 것들은 역사, 미술, 통계 등 다양했는데 드러커는 이러한 공부방법을 평생 고수했다. 타의 추종을 불허하는 그의 창의력과 통찰력은 이런 폭넓고 다양한 공부를 통해서 나올 수 있었다.

　드러커는 "3년 정도 공부한다고 해서 그 분야를 완전히 터득할 수는 없겠지만, 그 분야가 어떤 것인지를 이해하는 정도는 충분히 가능하다. 이 방법은 나에게 상당한 지식을 쌓을 수 있도록 해주었을 뿐 아니라, 나에게 새로운 주제와 새로운 시각 그리고 새로운 방법에 대해 개방적인 자세를 취할 수 있도록 해주었다. 그도 그럴 것이, 내가 공부한 모든 주제는 각각 서로 다른 가정을 하고 있었고, 또한 서로 다른 방법론을 사용하고 있었다."라고 말했다.

그는 상당한 지식을 쌓았고 새로운 주제와 새로운 방법들에 항상 개방적인 자세를 취할 수 있게 되었다. 드러커는 이러한 공부법이 자신을 지적생동감이 넘치는 인물로 만들어 주었다고 고백했다. 한 분야에서 우물을 깊게 파는 것도 좋지만 드러커의 방식으로 상호 시너지효과를 낼 수 있는 다른 분야의 공부를 3~4년 이상 집중적으로 한다면 상당한 도움이 된다. 예를 들어 세일즈 이후에도 꾸준하게 고객관리를 하기 위해서 고객서비스부서의 업무를 공부해서 서비스의식을 높인다거나, 헬스 트레이너가 운동하면서 발생할 수도 있는 부상이나 통증을 위한 치료의 목적으로 스포츠 의학 분야 등을 공부한다거나, 바리스타가 커피에 어울리는 빵이나 쿠키를 스스로 만들어내기 위해서 제과제빵을 공부하는 것 등이다.

일을 잘하는 직원이 박수를 받는 것은 그 순간뿐이다. 끊임없이 자신을 변화시키는 노력이 없다면 박수를 받는 기회는 사라진다. 또한, 그런 직원은 존재감이 없는 직원이 돼버린다. 은행이나 증권계좌에 10억 원을 넣어두고 그 이자만 받고 살겠다는 전략으로 회사생활을 한다면 몇 년의 시간이 흐른 뒤에는 물가상승률과 통화가치의 하락으로 인해 손해를 볼 것이다.

은행 대부분에서는 10억 이상의 자산을 맡긴 고객을 VIP로 분류하고 30억 이상을 맡긴 고객을 VVIP로 분류한다. 이렇게 거액을 맡기는 고객의 성공방법은 각자 다르겠지만, 공통점이 있다. 그것은 바로 성공한 이후의 자세다. 이들은 돈을 얼마를 모았던지 현실에 절대 안주하지 않고 끊임없이 다음 목표를 향해서 다시 도전하고 치열하게 성취하고 또다시 다른 목표를 향하는 것을 반복한다. 마치 피터 드러커가 3~4년 주기로 새로운 주제를 공부하는 것을 반복하는 것과 같다.

직장생활을 하면서 10년이 흘렀다면 10억 정도의 자산을 맡긴 기분으로 회사생활을 해도 좋다. 하지만 회사생활을 하는 마음가짐에 대해서는 한 번쯤 다시 생각해봐야 한다. '10년 직장생활'이라는 이 이자만 받으면서 하루하루 버텨나갈 것인지, 아니면 본인에게 신선한 자극도 주고 업무에도 시너지효과를 줄 수 있는 새로운 주제를 찾아서 하루하루를 만들어 나갈 것인지에 대한 생각 말이다.

굴리지 않는 돈은 이끼만 낄 뿐이지 이자가 쌓이지는 않는다. 우리가 갖춘 능력도 마찬가지다. 꾸준하게 좋은 것들이 인풋(input) 되어야 만족스러운 아웃풋(output)이 나온다. 인풋이 없다면 나중에는 통로에 먼지만 쌓여서 막히게 될 것이다. 신입사원일 때 했던 노력만 믿고 현재에 하는 노력이 없다면 신입사원일 때는 밤하늘의 별처럼 반짝이며 빛나던 당신이 어느 순간 별똥별로 사라질 수도 있다.

공부로 꾸준하게 인풋을 하면서 존재의 의미를 느끼고 만족스러운 아웃풋을 도출해 낸다면 자아실현의 욕구까지 충족되는 쾌감을 맛볼 수 있다. 하지만 꾸준한 공부를 통해서 경계해야 할 일은 평론가형 직원으로 변해버리는 것이다. 평론가형 직원은 회사에서 가장 싫어하는 직원의 유형 중 하나다. 이들은 똑똑해서 상황판단이 빠르고 문제점을 명쾌하게 집어내는데 선수다. 문제에서 한 발짝 뒤로 물러나서 팔짱을 낀 채 정말 평론가의 눈으로 현상을 파악해 논평하는 것이 특기다. 선수가 되어 경기장 안에서 팀워크를 발휘하면서 땀 흘리며 뛰어야 할 직원이 경기장 밖에서 해설자가 되어 목소리를 높인다면 그것이 옳은 말이라고 해도 회사는 불편해한다.

나는 늦은 나이에도 불구하고 방송대에 등록해서 학업을 다시 시작한 직장동료들을 좋아한다. 그리고 내가 방송대의 시스템에 익숙하지 않아서 경험했던 어려움을 바탕으로 더 쉽게 적응할 수 있도록 안내를 해주고 포기하지 않도록 응원을 해준다. 방송대 졸업장만으로도 도전정신과 개척정신을 높이 살 만하다. 그러나 뒤늦은 공부로 인해 오히려 시간과 체력의 부족을 느끼면서 전보다 방어적으로 변해가는 직원도 있다.

그런 직원은 회사가 자기계발을 장려하면서도 학교를 제대로 다닐 수 있도록 스케줄을 조정해서 배려를 해주지 않는다고 하면서 불만을 토로한다. 가만히 보면 분명히 본인이 피터 드러커보다 더 바쁜 인생을 살고 있지 않음에도 불구하고 그런 소리를 한다. 드러커는 시간이 많이 남아 돌고 스케줄에 여유가 있어서 공부한 것이 아니다. 20대 초반부터 목표를 정하고 시간 계획을 세워서 공부에 임한 것이다. 공부할 시간이 없다는 현실을 스트레스로 받아들이지 말고 시간 계획을 치밀하게 짤 기회라고 생각하라. 학생들의 경우는 시험이 없는 방학 때 공부에 대한 몰입도가 떨어진다. 마찬가지로 직장인들도 적당한 스트레스가 업무와 공부에 도움이 된다는 것을 잊지 말아야 한다.

아인슈타인, 모차르트, 타이거 우즈 등의 인물을 통해서 재능을 연구한 과학자들에 의하면 재능은 선천적인 것이 아니라 후천적인 것이라고 결론을 지었다. 연구자들은 이 천재들의 탁월한 재능은 신중하게 계획된 연습을 10년 이상 혹은 1만 시간 이상 반복하고 또 반복했기 때문이라고 했다. 이들이라고 왜 스트레스가 없었겠는가. 이들은 스트레스를 활용해서 공부에 몰입할 수 있는 촉매제로 활용하는 능력 또한 겸비하고 있었다. 직장 안에서든 밖에서든 우리 삶에서 스트레스로 다가오는 것들은 도전의 기회다. 그리고 이러한 도전은 발전 가능성이라는 작은 선물도 함께 내포하고 있으므로 소중히 맞이한다면 좋은 것으로 변한다. 타이거 우즈는 "다른 사람들로부터 인정받기 위해서 꾸준히 노력하는 것 이외에는 방법이 없습니다. 타고난 재능이란 인간이 만들어낸 허구에 불과합니다."라고 말했다.

끊임없는 공부로 나의 존재를 알리고 존재의 의미를 느끼는 쾌감을 맛본다면 인생은 즐거워진다. 진정한 공부는 더 큰 사람이 되고 더욱 겸손한 사람이 될 수 있게 만들어준다. 공부하는 도전정신과 개척 정신에 부합해야 하는 것은 상대방을 배려하는 포용력이다. 직장인의 공부는 중요하지만, 그것으로 인하여 본인이 속한 부서나 동료들에게 피해가 가서는 안 된다. 그 부분을 현명하게 조율할 수 있어야 누구나 당신을 환영하고 좋아하게 된다. 그렇게 된다면 일과 공부 그리고 행복한 미래라는 세 마리 토끼를 잡을 수 있다.

08
공부는
인생의 엔진오일이다

　인생, 참으로 많은 생각을 하게 만드는 단어다. 인생이라는 단어를 들었을 때 가장 먼저 떠오르는 생각은 각자 다르겠지만 포커스는 타인이 아닌 나 자신에게 맞춰진다. 인생을 하나의 연극무대라고 설정한다면 우리는 모두 주인공이다. 그리고 타인들은 우리를 돋보이게 하는 조연들이다. 그렇게 우리는 이 세상에서 아름답고 좋은 것들을 풍족하게 누리면서 행복하게 살 수 있는 자격을 가지고 이 세상에 태어났다.

　하지만 이렇게 자기 주도적인 삶을 살아야 함에도 불구하고 우리는 대부분 내가 주연인 것을 망각하고 조연의 역할을 하면서 살아간다. 각자 주어진 배역이 있고 가야 할 길과 목적지가 다른데 우리는 남이 잘되면 배가 아프고, 남이 잘되면 괜히 기웃거리면서 시간을 낭비한다. 그렇게 남과 비교하는 것이 습관화되면 열등감에 빠지고 인생이 더욱 우울해진다.

지금부터라도 인생이라는 단어를 떠올리게 된다면 내비게이션을 켜고 내 인생의 현 위치가 어디인지를 먼저 파악하는 습관을 들여야 한다. 차를 운전하는 것과 마찬가지로 현 위치와 목적지를 알아야지 최단거리로 갈 것인지, 최단시간으로 갈 것인지 그리고 유료도로로 갈 것인지, 무료도로로 갈 것인지 등을 결정할 수 있기 때문이다. 그 결정은 운전자인 내가 하는 것이다.

차량 운전자들이 정기적으로 교환을 해주는 것 중에 하나가 바로 엔진오일이다. 엔진오일은 자동차의 심장인 엔진이 문제없이 잘 작동하도록 보호해주고 어떤 환경에서도 엔진을 새 엔진처럼 작동시키기 위해서 개발되었다. 엔진기술의 발전으로 인하여 오늘날의 자동차들은 매우 안정적인 운행이 가능하게 되었고 정비 기간의 주기도 더 길어졌다. 하지만 차량의 사용 기간이 길어졌다고 해서 오일 상태점검을 소홀히 하면 안 된다.

적절한 엔진오일을 사용하고 주기적으로 교환해주지 않으면 엔진에 찌꺼기가 많아져 소음이 발생하고, 원활한 순환이 이루어지지 않아서 출력이 저하되며, 연비 또한 나빠진다. 게다가 엔진과열로 도로 위에서 갑자기 멈추는 등 위험한 상황이 발생할 수 있다. 엔진오일의 역할은 엔진 내부의 마찰과 마모를 방지하고 부드럽게 움직이게 해주는 윤활작용과 엔진 내부에 녹이 스는 것을 방지하는 방청작용 그리고 엔진 내부의 온도를 내려주는 냉각작용을 한다. 따라서 정기적으로 오일 상태를 확인하고 필요하면 다시 가득 채워주는 것은 중요하다. 그것이 엔진의 마모방지와 엔진의 수명을 연장하는 길이다.

대학 졸업 후 자기계발을 하지 않는 직장인들은 출고 이후 계속해서 엔진오일을 교체하지 않은 차와 같다. 초등학교 6년, 중고등학교 6년, 대학교 4년이면 16년이다. 그리고 대학원까지 넉넉하게 4년을 합하면 20년이다. 20년 동안 배운 것으로 대학 졸업 후의 남은 인생 50년 이상을 살아가겠다고 하는 것은 모험이다. 롱라이프 엔진오일이 있기는 하지만 그런 엔진오일도 차를 폐차할 때까지 굴러가게 할 수는 없다. 마찬가지로 대학교육이 롱라이프 엔진오일이 될 수는 있지만, 그걸로 끝나버리면 인생에서 위험한 상황이 발생할 수도 있다. 인생에서도 방청작용과 냉각작용이 필요한데 그 기능을 해주는 자기계발이 없다면 조직에서의 마모방지와 수명연장의 꿈을 이룰 수 없다.

『나는 희망의 증거가 되고 싶다』의 저자 서진규 박사는 가발공장 여공에서 하버드 대학의 박사가 된 입지전적의 인물로 유명하다. 인생에서 엔진오일을 어떻게 갈아야 하는지를 제내로 보여주는 살아있는 신화나. 서진규는 1948년 경상남도의 작은 어촌마을에서 엿장수의 둘째 딸로 태어났다.

집안 형편상 가난하고 배고프게 지냈던 그녀는 초등학교 5학년 때 담임선생님으로부터 꿈과 용기를 불어넣어 주는 한마디를 듣게 된다. 어느 날 수업시간에 담임선생님이 반 학생들의 손금을 봐주었다. 서진규의 손금을 본 선생님은 "진규야, 너는 반드시 큰 인물이 될 거다."라고 말했다. 그때 선생님의 말씀은 그녀의 가슴에 오래도록 남아서 희망의 등불이 되어 주었다.

아버지의 노름빚으로 갑작스레 부산을 떠나 충북 제천으로 이사를 하면서 어머니는 술집을 인수해서 장사를 시작했는데 그녀의 어머니는 유난히 딸들을 심하게 차별했다. 오빠와 남동생은 집안에서 어느 정도 대접을 받으면서 지냈지만, 집안일은 장사하는 어머니 대신 거의 그녀의 몫이었다. 6학년 때부터는 추운 겨울에도 새벽 5시에 일어나서 아침밥을 차렸다. 식구들이 식사를 마치면 설거지까지 마치고 학교에 갔다. 그녀는 공부가 가장 즐겁고 행복했다.

어느 날 서진규는 자신의 미래를 개척하고 싶다는 생각에 제천을 떠나 서울로 가기로 한다. 고등학교 입학을 앞둔 중학교 3학년 때 그녀는 식음을 전폐하고 맞아 죽을 각오로 부모님을 설득하는가 하면 초등학교 선생님과 중학교 선생님을 찾아가서 도움을 청했다. 선생님들의 도움으로 부모님을 설득한 그녀는 풍문여고에 입학했다.

풍문여고에 다니면서 전교 2등을 하기도 했던 그녀는 대학에 원서를 내던 날 폐병에서 다시 회복한 오빠가 대학에 진학하기 위해서 원서를 냈는데 둘 다 대학에 보낼 형편이 안되는 집안 사정상 본인이 결국 포기했다. 그리고 그녀는 사촌 언니와 함께 가발공장에서 일을 시작했다. 하지만, 가발공장에서 가발을 만드는 일이 그녀에게는 쉽지 않았다.

그러던 어느 날 가발공장에서 알게 된 한 친구를 통해서 그녀는 근처 골프장 식당에서 새로운 일자리를 얻었고 작은 방을 하나 얻어서 자취생활을 시작했다. 또래들에 비해서 힘겨운 생활의 연속이었지만 그녀는 희망을 잃지 않으려고 노력했다. 그녀는 골프장과 자취생활을 하는 판잣집을 오가면서도 1주일에 한 번씩은 영어학원에 다녔다. 적은 월급에 학원비가 부담이기는 했지만, 그녀는 인생이라는 자동차를 멈추지 않게 해줄 엔진오일 교환의 필요성과 중요성을 어린 나이에도 잘 알고 이를 실천한 것이다.

서진규는 골프장 손님의 권유로 골프장을 떠나 여행사에 비서 겸 경리로 일하게 되었다. 월급은 비슷했지만, 식당 종업원에서 사무직으로 전환한 것이다. 하루는 같이 일하는 직원으로부터 미국 가정집에서 식모를 구한다는 얘기를 전해 들었다. 그녀는 계속해서 밑바닥 인생을 살기보다는 가슴이 이끄는 대로 새로운 인생에 도전하기로 했다. 국제 직업소개소를 통해서 미국으로 가기로 한 것이다. 다시 한 번 맞아 죽을 각오로 부모님을 설득하면서 이민 절차를 밟았다.

비자는 2년 만에 나왔고 서진규는 1971년 3월 9일 미국행 비행기에 올랐다. 미국에 도착한 그녀는 유대인이 경영하는 식당에서 일을 시작했다. 성실함을 인정받으면서 일했던 그녀는 이민 절차로 진 빚도 모두 갚고 어느 정도 저축도 할 수 있었다. 그러다 문득 잠시 잊고 있던 자신의 꿈을 떠올리게 되었다. 계속해서 공부해야겠다는 생각, 엔진오일을 꾸준하게 교체해야겠다는 생각이 든 것이다.

그래서 바쁘고 피곤하고 힘들어도 시간을 내서 공부하기로 했다. 그녀는 외국인을 위한 영어과정이 개설된 퀸스 대학의 영어회화 과정에 등록해서 낮에는 공부하고 밤에는 식당에서 웨이트리스로 일했다. 1972년 서진규는 회계학으로 유명한 바루크 대학에 등록하여 정식으로 대학생이 되었다. 영어 실력이 부족해서 강의를 알아듣지 못하는 상황이 계속되었지만, 포기하지 않고 독하게 공부했다. 그래서 영어를 제외한 다른 과목에서는 모두 B 이상의 성적을 받았다.

서진규는 고생스러운 미국 생활 속에서도 가정을 이루었으나 행복은 오래가지 않았다. 남편의 폭력 때문에 힘든 결혼생활이 반복되었다. 그녀는 많은 고민 끝에 28살의 나이에 미국 육군에 자원입대하게 되었다. 평균 연령이 자신보다 10살 정도 어린 훈련병들과 생소한 군대 용어 그리고 힘든 훈련 때문에 포기하고 싶은 유혹에도 많이 시달렸다. 하지만 마음을 다스린 그녀는 최우수 훈련병으로 졸업했다.

능력을 인정받은 그녀는 미국의 동북아시아 지역 전문가로 선발되었다. 지역전문가가 되면 그 국가의 언어뿐만 아니라 대학원 석사 과정까지 무료로 마칠 수 있게 군에서 지원해준다. 그래서 그녀는 하버드와 버클리에 대학원 신청을 했고 최종적으로 하버드 대학원에 합격했다. 그녀는 1990년 하버드대 대학원 석사 과정에 입학해서 학자의 길을 걷다가 1996년 소령으로 예편하고 2006년 58세에 하버드대 대학원에서 국제외교사와 언어학에서 박사 학위를 받았다.

서진규는 "주어진 현실에 안주하지 않고 꿈과 용기를 가지고 도전하다 보면 길이 나타난다. 스스로 포기하지 않을 때 반드시 꿈은 이루어진다."라고 말했다. 아무리 힘들어도 인생의 엔진오일이 되는 공부를 통해서 꾸준하게 새로운 것을 넣고 교체해주면 인생이 밑바닥을 벗어나서 정상을 향해 나아갈 수 있다. 가발공장에서 하버드까지 간 살아있는 전설 서진규가 있는 것처럼 말이다.

CHAPTER 3

진짜공부로
진짜인생을 준비하라

01
진짜공부,
진짜인생을 향한 첫걸음

　레고의 역사는 1932년 덴마크의 한 작은 마을에서 목수인 올레 키르크 크리스티안센이 아들을 위해서 만든 목재 장난감에서 시작되었다. 가난했고 부인을 일찍 잃은 안센은 장난감을 사달라고 조르는 아들에게 장난감을 사줄 수가 없어서 만들기로 했다. 안센은 자신이 작업하고 남은 목재의 조각들을 모아서 이것저것 만들었고 이것이 레고의 탄생이다.

　1932년에 탄생한 레고는 15년 뒤인 1947년 플라스틱으로 제작되었고, 1949년 플라스틱 사출성형기계를 도입하여 우리가 흔히 아는 지금의 자동결합 블록기술로 만들어지게 되었다. 미국에 디즈니랜드가 있듯이 덴마크에는 레고랜드가 있다. 레고랜드는 해마다 약 1,400만 여명의 관광객들이 방문한다.

레고가 가장 잘 팔리는 나라는 어디일까? 아이러니하게도 본사가 있는 덴마크가 아니라 독일이다. 매출이 높은 나라는 미국이지만 1인당 매출은 독일이 단연 1위다. 레고를 통해서 어릴 적부터 부품을 조립하고 연결하는 것을 배운 독일인들은 입체적 사고가 뛰어나다는 평가를 받고 있다. 독일의 대도시에서는 레고 매장을 쉽게 찾을 수 있고 레고시티 같은 조립하기 어려운 제품들의 판매 비중도 높다. 어린이뿐만 아니라 성인들도 주고객이기 때문이다.

독일의 자동차 브랜드들은 차체와 엔진 그리고 에어컨 등 대부분을 모듈화한다. 그래서 레고블록을 조립하는 것과 같이 자동차 부품들의 조합으로 다양한 차종을 만드는 것이 가능하다. 이런 모듈화는 자동차업계 뿐만 아니라 산업 전체에 걸쳐서 진행 중이다.

사람의 지능이나 지적 능력은 타고난 것으로 끝나는 것이 아니라 후천적인 노력으로 만들어진다. 아인슈타인도 처음부터 위대한 과학자는 아니었다. 그는 매일매일 한계에 다다를 때까지 머리를 쓰고 공부하면서 두뇌를 개발한 것이다. 흔히 책을 읽거나 영어단어를 외우는 것만이 공부라고 생각하지만, 반드시 무언가를 이루기 위해서 하지 않아도 그 자체로 즐겁다면 그것 또한 공부다. 개인이 취미나 오락 삼아서 몰두하는 그 무엇이 있다면 그 또한 훌륭한 공부가 된다. 앞에서 예로든 레고블록 조립처럼 말이다.

인간은 스스로 알고 싶은 지적 능력만큼만 획득하게 된다. 대학교에 합격한 이후에 공부에 흥미를 잃는 이유는 인생 최대의 목표가 성취됨과 동시에 사라져버렸기 때문이다. 이렇게 근시안적으로 목표를 설정하면서 하는 공부는 오래가지 못한다. 대학교 입학과 동시에 혹은 취직과 동시에 공부에서 손을 놓는다면 지적 능력은 멈추지 않고 쪼그라든다. 상대적으로 그렇게 된다.

사회인인 우리에게는 다시 학점이나 졸업에 대한 압박감을 받으면서 공부를 해야 한다는 제약은 없다. 그러한 제약으로부터 충분히 자유로운 만큼 오히려 본인이 공부하고 싶은 것을 찾아 지적 능력을 단련시킬 기회로 삼아야 한다. 진짜공부를 시작해서 진짜인생을 살기 위한 준비를 해야 하는 것이다.

롤모델을 찾고 흉내를 내는 것이 배움의 출발점이 될 수도 있다. 사람들은 지성인을 만나면 자연스럽게 매력을 느끼고 함께 있고 싶어 하며 그런 사람이 되고 싶어한다. 나의 경우 롤모델은 지금은 고인이 된 구본형 변화경영연구소장과 1인 기업가 공병호 박사이다. 훌륭한 사람과의 깊이 있는 교제는 공부할 의욕을 향상한다. 직접적인 만남을 통해서든 간접적인 만남을 통해서든 생산적인 대화가 가능하기 때문이다.

일본 소프트뱅크 손정의 회장이 수시로 탐하면서 읽었던 책은 『료마가 간다』이다. 이 책의 주인공인 사카모토 료마는 배움에 의욕은 있었지만, 공부에는 별 관심이 없었다. 하지만 시대의 큰 흐름을 파악할 줄 아는 능력을 갖춘 그는 어느 날 개국파인 가쓰 가이슈를 만난다. 당시 시대의 흐름을 잘못 읽은 사람들은 외국인에게 칼을 겨누었는데 사카모토 료마도 처음에는 그렇게 생각했다.

그는 가쓰 가이슈에게 "막부의 녹을 먹는 사람이면서 이렇게 개국을 외치다니 어떻게 된 일인가? 외적은 베어버려야 한다!"고 말했다. 가쓰 가이슈는 그 말을 듣고 이렇게 말했다. "지금 일본인이 외국인을 벤다고 해서 바뀌는 것은 아무것도 없다. 외국에 대항하기 위해서는 먼저 군대를 양성해야 한다. 특히 해군을 양성해야 하는데 해군을 만들려면 돈이 필요하다. 돈은 개국을 통해 무역으로 벌면 된다. 무역으로 돈을 벌어 해군을 만들자."

이 만남 이후 료마의 인생은 결정되었고 달라졌다. 시대의 흐름을 확실하게 이해하게 된 료마는 가쓰에게 제자가 되고 싶다는 뜻을 밝히고 그의 밑에서 다양한 공부를 시작했다. 료마는 진짜공부를 찾았고 그 결과 일본 최초의 상사商社인 가메야마샤추와 가이엔다이를 만들어서 정치와 경제 두 분야에서 맹활약한 것으로 유명하다.

이렇게 공부를 시작하기 전에 좀 더 멀리 내다보고 본인이 관심 있는 분야에서 큰 흐름을 파악한 후 공부의 방향을 정하는 것이 좋다. 롤모델을 직접 만나서 조언을 구하고 가르침을 받을 수 있다면 더더욱 환상적이다.

『료마가 간다』를 집필한 시바 료타로는 "나는 평생 서생이고 싶다." 라고 했다. 서생이란 학자나 교사 밑에서 함께 거주하면서 집안일을 도우며 면학에 힘쓰는 사람을 말한다. 특별한 경제활동을 하지 않고 생활 전부를 남에게 신세를 지면서 오로지 면학에만 힘쓰는 이들이 서생이다. 30대 이후로 점점 나이가 들어가면 미숙함을 깨닫고 단련해야겠다는 마음을 먹기가 힘들다.

하지만 50이 되고 60이 되어서도 "나는 아직 학생이다. 나는 아직 서생이다."라고 말하면서 진짜공부를 꾸준하게 하는 삶을 살아간다면 그 사람은 정신적인 젊음을 유지하면서 쉽게 늙지 않을 것이다. 나이가 들어서도 공부를 하는 모습은 참 매력적이다. 20대가 공부하는 모습과 60 대가 공부하는 모습을 상상해보라. 60대의 공부하는 모습은 아름답기까지 하다.

공부하는 사람은 절대 남에게 폐를 끼치지 않는다. 공부하느라 바쁘고 쓸데없는 일을 할 여유가 없기 때문이다. 공부하는 사람은 남에게는 폐를 끼치지 않고 자기 자신에게는 감동을 선물한다. 감동은 공부를 계속하게 만드는 원동력이다. 감동하기 시작하면 공부가 꾸준하게 이어지고 더욱 깊게 파고들고 싶은 의욕이 생겨난다.

진짜공부는 자유롭고 독립적인 인간을 만든다. 자유롭고 독립적인 인간이 되고 싶다면 공부를 하는 틈틈이 나는 이 공부를 통해서 감동하고 있는가? 를 물어봐야 한다. 감동은 마음 깊은 곳에서 뭔가를 느끼고 그 느낌으로 인해 마음이 움직이는 현상이다. 마음이 움직였다면 우리는 행동할 수 있는 힘을 얻게 된다. 그래서 감동은 공부할 힘으로 연결된다.

감동을 많이 받은 사람들의 얼굴은 빛이 나고 여유가 느껴진다. 공부는 그렇게 인간의 매력도를 상승시키기도 한다. 학자들은 모르는 것도 기쁨으로 받아들인다. 그래서 모르는 것이 생기면 5년이 걸리든 10년이 걸리든 연구에 몰두한다. 그들의 무지는 '가치 있는 무지'이며 공부를 통해서 얻게 되는 깨달음과 감동을 누구보다 잘 알고 있다.

공자는 『논어』에서 "아는 것은 안다고 하고 모르는 것은 모른다고 하는 것, 이것이 진정으로 아는 것이다."라고 말했다. 무엇보다 자기 자신에게 솔직해져야 공부도 잘한다. 하고 싶은 진짜공부는 무엇인가? 죽기 전까지는 누구도 행복하다고 자신할 수 없다. 인생은 생각보다 길다. 은퇴 후를 생각하며 진짜공부를 향한 첫걸음을 시작해야 한다.

02
내가 하는 공부가
나를 말해준다

홈쇼핑을 즐겨보는 직장인이라면 정윤정이라는 이름은 한 번쯤 들어봤을 것이다. '1분에 1억을 파는 여자' 그리고 '매진의 여왕' 이라는 애칭을 가진 그녀는 올해 14년 차 쇼핑호스트다. 그녀는 『나는 30초가 다르다』라는 책을 펴냈다. 성공한 그녀에게는 역시 남다른 무언가가 있다. 그건 바로 모자람을 인정하고 겸손한 마음으로 배움에 대한 열정을 불사른 것이다. 하지만 그녀도 처음부터 이런 자세를 겸비한 것은 아니었다.

대학생 시절 그녀는 연극을 전공했지만, 외모가 뛰어난 편은 아니었다. 그러던 어느 날 한 선배를 따라서 우연히 방송국 구경을 갔다가 엑스트라 아르바이트를 시작했다. 존재감 없는 엑스트라 아르바이트를 하면서 과연 내가 정말 가장 잘할 수 있는 것은 무엇일까를 고민하다 PD의 제안으로 리포터를 하게 된다. 세 줄짜리 멘트를 해야 하는데 8번의 NG를 내서 바로 잘렸다. 지금 그녀의 홈쇼핑 방송을 본다면 상상도 가지 않는 이야기다.

그녀는 이제야 말하는 것이 편해졌다고 한다. 그렇게 되기까지 10년이 걸렸다. 그래서 상담을 요청해오는 후배들에게 "어떤 일을 하든 최소한 10년은 해봐라."라고 자신 있게 말해준다. 모두 그녀의 경험에서 나온 진심 어린 조언이다. 당장은 성과가 보이지 않더라도 묵묵하게 계속할 수 있는 인내와 끈기가 중요하다. 일회성 노력은 나를 명품이 아닌 일회성 소모품으로 만들 뿐이다.

그녀는 남들보다 많이 알려면 공부하는 수밖에 없다고 말한다. 스스로 공부에 별다른 관심이 없었고 못했다고 말하는 그녀다. 그녀가 말하는 공부는 읽어야 할 잡지가 있다면 산더미처럼 쌓아두고 반드시 읽기, 다른 쇼핑몰에 대한 철저한 분석 그리고 사람들에 대한 관찰이다. 쇼핑호스트에 대한 그녀의 철학은 고객보다 앞서 걸어가는 사람이다. 그래야만 뛰어난 인내자가 될 수 있기 때문이다. 그녀는 "사용해보지 않은 제품은 팔지 않는다."라는 스스로의 원칙을 가지고 있다.

처음부터 이런 원칙을 가진 것은 아니다. 쇼핑호스트로서 깨달음을 얻기 전까지는 일과 생활을 분리하는 이중적인 태도를 보였다. 방송은 방송이고 내 생활은 내 생활이었다. 그래서 홈쇼핑에서 본인이 소개한 상품보다는 명품을 선호하기도 했다. 하지만 둘째 출산 이후에 주부들의 마음, 여성의 마음을 더욱 잘 이해하게 되었고 어떻게 해야 하는지 깨달게 되면서 생각과 행동이 변했다.

그녀가 얻은 깨달음이란 주부들이 홈쇼핑에서 주문하는 것은 단순하게 특정 상품만이 아니라는 것이다. 주부들은 상품을 사들이면서 행복한 상상과 행복한 마음을 받게 된다는 것을 깨달았다. 주부들은 아니 주부를 포함한 모든 여자는 이 옷을 입고 누구를 만날지, 이 가방을 들고 어디를 갈지, 이 구두를 신으면 얼마나 멋져 보일지를 행복하게 상상한다. 이런 사실을 누구보다 잘 아는 그녀는 언제나 상품 그 이상을 판매한다는 자세로 일하고 있다.

쇼핑호스트이자 뛰어난 마케터이기도 한 그녀는 "홈쇼핑이라는 곳에서는 단 1분도 돈을 벌지 않는 시간이 없다. 24시간 365일 돈을 버는 대단한 곳이다. 마케팅의 최전선인 것이다."라고 말한다. 그녀가 뛰어난 마케터인 이유는 상품의 스펙이 아닌 스토리를 들려주기 때문이다. 교과서를 읽듯이 스펙을 전달하는 홈쇼핑은 재미가 없다. 모든 일이 그렇지만 경험의 폭에 따라서 이해의 폭이 넓어지고 할 말도 많아지는데 그녀는 일상생활에서 본인이 소개할 상품을 100% 싱크로율 해서 사용하기 때문에 장단점에 대해서 솔직하게 전달할 스토리가 무궁무진하다. 또한 "이것은 이렇습니다."라고 확실하게 전달할 힘이 있다.

학창 시절의 공부는 인생에서 준비운동에 불과하다. 우리는 준비운동에 너무 많은 체력을 소모하면서 살았다. 학생이었을 때는 모두 다 같이 열심히 공부하였기에 제대로 보상을 받지 못하는 경우가 많았지만, 사회인이 된 다음의 공부는 대부분의 사람이 공부에 신경을 안 쓰기 때문에 손쉽게 성과를 낼 수 있다. 당장은 성과가 보이지 않더라도 일회성 노력이 아닌 인내와 끈기가 동반된 노력을 한다면 달콤한 열매를 맛볼 수 있다.

그녀의 공부는 철저한 현장형 공부다. 쇼핑호스트를 하기 전에 리포터로 활동했던 그녀는 방송에서 옷에 대한 지적을 당하면서 스트레스를 받았다. 이런 단점을 극복하기 위해서 백화점에 가서 마네킹이 입은 옷들을 철저하게 분석하기 시작했다. 그렇게 하다 보니 데이터가 쌓여서 백화점이 언제 디스플레이를 바꾸는지 행사상품은 언제 나오는지를 자연스럽게 알게 되었다.

또한, 리포터 생활에서 오는 불규칙한 시간을 영리하게 활용하기도 했다. 보통의 직장인들보다 낮에 시간이 많았던 그녀는 홈쇼핑을 보면서도 관찰하고 분석했다. 2년 정도 홈쇼핑을 통해서 수없이 물건도 사고 반품도 하면서 홈쇼핑의 모든 것을 알아버린 달인이 되었다. 남편 눈치를 보며 주문을 해서 택배로 온 물건을 경비실에 맡긴 후 상자를 몰래 버리는 주부의 마음을 스물다섯의 나이에 이해하게 되었다.

그녀는 그녀보다 나은 사람들에 대한 관심과 그들을 보고 배우려는 욕구도 강했다. 그래서 그들의 패션에 대해서도 관심을 가지게 되었다. 그래서 잡지에서도 주로 명품에 관한 기사와 사진을 즐겨 보았고 명품의 디자인과 광고카피를 통해서 안목을 키우기도 했다.

공부에 대한 정의는 여러 가지가 있겠지만 나는 공부란 자기 언어를 만들어 가는 것으로 생각한다. 그래서 내가 하는 공부는 나의 언어로 나를 표현하는 또 다른 수단이 된다. 무언가를 공부하기 전에 예습한다면 실제 수업을 통해서 흡수가 보다 빨라진다. 그리고 복습을 하면서 탄탄하게 다지는 작업을 하게 되는데 사실 예습과 복습은 의지가 없이는 힘든 과정이다. 공부는 이렇게 예습과 수업과 복습 3단계 과정으로 이루어진 것이 보편적이지만 자기 언어를 만들기 위해서는 창조의 과정을 추가해야 한다.

그녀는 몸소 체험한 공부의 3단계를 통해서 그녀만의 홈쇼핑을 창조하고 있다. 그래서 그녀가 알고 있고 깨달은 상품에 대한 즐거움을 조금이라도 빨리 고객들에게 전해주고 싶어한다. 성공한 사람들의 공통점이기도 하지만 그녀 역시 일 자체를 좋아하고 사랑한다. 그리고 그것이 방송을 통해서 전해진다. 연예인보다 바쁘고 정신없는 그녀라서 육체적으로 힘들기도 하지만 버틸 수 있는 이유는 일이 즐겁기 때문이다.

좋은 작가는 더블비전(Double Vision)을 가져야 한다고 한다. 그것은 작가로서의 관점뿐만 아니라 항상 내재한 독자를 상상하고 소통의 글을 써야 한다는 말이다. 그렇게 혼자 쓰는 글이 아닌 상상 속의 독자와 함께 쓰는 글이 좋은 글이고 사랑받는 작품이 된다. 마찬가지로 공부도 세상과 소통하는 과정을 마지막 단계에서 추가한다면 나만의 언어가 되어 나를 말해주게 된다.

그녀는 열정적인 쇼핑호스트와 뛰어난 마케터일뿐만 아니라 평범한 두 아이의 엄마로서의 시각도 가지고 있다. 그녀의 스타일은 첫째, 억지로 설득하지 않는다. 둘째, 남들과 똑같이 말하지 않는다. 셋째, 고객과 이야기를 나눈다. 이렇게 3가지다. 그래서 "중고차도 왁스를 칠하면 새 것처럼 보이지 않나요? 그런데 우리 피부는요? 마찬가지 아닐까요? 피부 관리 해야 해요." 이렇게 이야기 하듯이 쉽게 말한다. 고객에게 가르치려 하지 않고 매뉴얼대로 설명하지 않는다. 오감으로 공감을 이끌어내는 능력이 탁월하다. 전달이 참 쉽고 빠르다. 그녀처럼 스펙을 쌓기보다 직접 경험하고 다르게 표현할 수 있는 나만의 공부를 고민해야 한다.

03
학력을 넘어서는
진짜공부를 찾아라

　　현대그룹의 고故 정주영 회장은 1915년 11월 강원도 통천군 송전면 아산리에서 빈농의 아들로 태어났다. 그의 부모님은 일밖에 모르는 매우 부지런한 사람으로 새벽부터 늦은 밤까지 농사에만 매달렸다. 정회장은 1931년 송전 보통학교를 졸업했다. 보통학교 졸업 후에도 농사말고는 특별히 할 일이 없었다. 그러던 어느 날 여덟 남매 중 맏아들이었던 그는 16살에 무작정 가출해서 서울로 상경했다.

　　1934년 쌀 소매점인 '복흥상회'에서 배달부로 일하면서 부지런함을 인정받아 장부정리까지 맡아서 하게 되었다. 그의 됨됨이를 높이 평가한 쌀가게 주인은 낭비벽이 심하고 게으른 자신의 아들보다 정주영에게 가게를 넘겨주고 사업에서 물러났다. 정회장은 그렇게 성실함 하나로 무일 푼에서 사업을 시작하게 된 것이다.

가게 이름을 '경일상회'로 변경하면서 더욱 열정적으로 일했다. 하지만 일제의 전시통제로 아쉽게 문을 닫을수 밖에 없었다. 그동안 모은 돈을 가지고 고향에 돌아간 그는 아버지에게 땅 2천여 평을 사드렸다. 그리고 사업을 계획하면서 재충전의 시간을 보내고 이듬해 다시 상경했다. 다시 상경하면서 당시 쌀가게의 단골이었던 이을학이라는 사람을 만났는데 그가 자동차 수리공장 '아도서비스'가 매물로 나왔다는 정보를 전해준다.

빠른 판단과 놀라운 실행력으로 아도서비스 인수에 성공한 그는 뛰어난 실력을 갖춘 직원들을 모아서 짧은 기간에 자동차 수리를 해주면서 승승장구한다. 하지만 태평양전쟁으로 전국의 모든 공장을 통폐합하는 기업정리령이 내려져 회사가 흡수당한다. 또다시 사업적으로 큰 시련을 맞은 것이다. 그러나 시련은 있어도 실패는 없었다.

새로운 사업을 구상하며 때를 기다리던 그는 해방을 맞아 '현대자동차 공업사'라는 이름으로 자동차 수리업을 다시 시작했다. 아도서비스에서 풍부한 경험을 쌓은 것은 현대자동차 공업사를 하는 데 많은 도움이 되었다. 30명으로 출발한 회사는 어느새 80여 명의 직원들로 성장했다. 이 성공을 기반으로 '현대토건사'를 창업하여 건설업을 시작하였다. 이 회사가 바로 '현대건설'의 모체다.

정 회장은 처음 서울에 상경하여 쌀가게에서 일했을 때 가장 먼저 문을 열고 점포를 정리했다. 배달을 다녀오고 나서 가게 앞이 지저분하면

빗자루를 들고 청소를 하는 등 스스로 찾아서 일했다. 정 회장은 "어떤 일을 할 때는 경력이나 학벌이 일하는 것이 아니고, 그 시점에서 그 사람의 마음가짐과 자세가 일한다. 어려운 일이 있으면 문제를 해결하기 위해 온갖 노력을 기울여야 한다. 극복하지 못할 이유는 존재하지 않는다."라고 말했다.

경력이나 학벌이 일하지 않는다는 말에 공감하는 직장인이 많을 것이다. 정말 그렇다. 일함에 있어서 중요한 것은 마음가짐과 자세다. 학벌이나 경력은 회사에 들어갈 때 효과를 발휘할 수도 있지만, 대부분은 입사 후 3년 정도면 희석된다. 그런 스펙보다 높게 평가되는 것이 마음가짐과 자세. 그 사람이 가지고 있는 본질이 무엇인가가 정말 중요하다. 미국의 천재연구가인 앤더스 에릭슨 박사는 "천재는 보통 사람과 다를 게 없다. 다만 몰입함으로써 자신에게 숨어 있는 재능을 인지하는 보통 사람일 뿐이다. 몰입과 몰입의 과정을 되풀이함으로써 자신도 모르게 천재가 되는 것이다."라고 말했다.

입사 후 10년이 지났다고 하더라도 앞으로 5년 후 나에게 긍정적인 영향을 줄 수 있는 것들은 무엇이 있는지 끊임없이 찾아야 한다. 정 회장의 집에는 '일근천하무난사(一勤天下無難事)'라는 글귀가 걸려있다. 한결같이 성실하면 천하에 어려운 일이 없다는 뜻이다. 마음가짐과 자세 그리고 한결같은 성실함은 학력보다 중요하다.

일본에서 경영의 신으로 불리는 마쓰시타 고노스케는 1894년 일본 와카야마 현에서 태어났다. 그는 초등학교 4학년 때 학교를 그만두고 자전거 가게에서 점원으로 일을 시작했다. 학력은 초등학교 4학년 중퇴가 전부인 그는 1918년 마쓰시타 전기제작소를 설립하였다. 순항하던 그의 사업은 1929년 월가의 주가 대폭락의 파급효과로 인하여 위기를 맞는다. 일본도 그 영향을 피해갈 수 없었고 도산하는 기업들이 늘어났다. 사업확장을 위해 준비하고 투자를 늘리고 있던 마쓰시타 기업은 매출이 절반이하로 뚝 떨어지면서 위태한 상황에 놓이게 되었다.

인원감축 외에는 별다른 뾰족한 수가 없다고 대다수의 임원이 의견을 모으고 설득했지만, 그는 그렇게 하지 않았다. 초등학교도 마치지 못한 무학의 경영인 마쓰시타 고노스케는 "종업원을 한 명도 해고하지 않겠습니다. 급료도 깎지 않겠습니다."라고 말했다. 임원들과 반대의 의견을 제시한 것이다. 그리고 직원들 앞에 서서 이렇게 말했다. "모두 창고에 쌓여 있는 재고를 최선을 다해 팔아주시기 바랍니다." 그의 진심은 통했고 직원들은 자진해서 쉬는 날도 없이 판매에 나섰다. 그 결과 2개 월만에 모든 재고를 판매하고 회사는 위기에서 탈출할 수 있었다.

그러나 얼마 지나지 않은 1946년 11월 공직추방조치가 내려졌다. 이는 연합군총사령부가 2차 대전에 대한 책임을 물어 전범의 요소가 있다고 판단되는 정치인이나 기업인들에게 무거운 족쇄를 채우는 것이었다. 마쓰시타는 선박과 비행기 제작 등 군수산업에 참여한 것이 화근이 되어 '무조건 추방' 대상인 A항으로 판결을 받았다. 항변의 여지가 없던 그는 체념상태에 빠졌지만, 직원들이 발 벗고 나서 사주 구명운동을 전개하여 공직추방은 해제되었다. 어려울 때 직원을 지켜준 그를 이번에는 그가 나락에 빠졌을 때 직원들이 지켜준 것이다.

마쓰시타는 아흔넷의 나이로 운명할 때까지 570여 개의 계열사를 거

느리고 세계 20위권의 기업으로 성장시켰다. 그는 어느 인터뷰에서 이렇게 말했다. "나는 학력이 높은 것도 아니고 특별한 재능도 없는 극히 평범한 사람이다. 하지만 주위 사람들에게 여러 가지로 과분한 평을 듣는다. 특히 인재 기용을 잘한다는 말을 자주 듣는다. 내가 그런 말을 들을 수 있는 이유는 직원들을 모두 나보다 훌륭하게 보기 때문이다."라고 말했다. 일본을 대표하는 경영의 신이라 불리는 인물이 직원들을 자기보다 훌륭하게 본다는 것은 엄청난 겸손이다.

그는 평소 '덕분에 정신'으로 살았다. 제대로 배우지 못한 '덕분에' 모든 사람을 선생님과 같이 대하고 모르면 물어보고 배웠다. 가난한 집에서 태어난 '덕분에' 힘든 일을 하면서 인생에 필요한 경험들을 쌓아나갔고 허약한 체질 '덕분에' 운동을 꾸준히 해서 건강을 유지할 수 있었다, 대부분의 사람은 '때문에'라고 생각하는데 마쓰시타는 '덕분에'라는 말을 사용한 것이다. 또한, 그는 사업하면서 어려움을 겪었을 때 무리하게 일을 진행하지 않았다. 오히려 어려움이 주는 휴식을 감사하게 생각했다. 그리고 그 휴식을 통해서 전열을 가다듬는 기회로 만들었다.

호학심사好學深思라는 말이 있다. 즐겁게 배우고 깊이 생각하라는 뜻이다. 마쓰시타 고노스케의 삶을 함축한 말이라고 생각한다. 그는 "지혜는 끝없이 생겨나고 끝없이 모인다. 어떤 곤경에 처해도 지혜가 끊기는 일은 있을 수 없다. 절체절명의 위기나 곤란을 호기로 받아들이고 위기가 찾아 왔을 때도 반드시 방법이 있다는 신념을 굽히지 마라. 경영에는 무한한 방법이 있고 올바른 원칙을 세우고 방법을 터득하면 반드시 성공한다."라고 말했다. 일근천하무난사. 호학심사. 이런 태도를 바탕으로 나

만의 무기를 하나쯤 만든다면 직장에서도 인생에서도 위기를 극복하고
약진할 수 있다.

04
명함을 버리고
진짜인생을 고민하라

　당신은 누구입니까? 라는 질문에 1초 만에 답을 줄 방법은 명함을 한 장 내미는 것이다. 물론 명함을 통해서 확인되는 것은 직업적인 정보일 뿐이지만 가장 보편적으로 내가 누구인지 설명할 수 있는 수단이자 방법이 된다. 미팅 자리에서도 그렇고 은행에서 대출을 받을 때도 명함은 유용하게 자기 역할을 한다. 한 장의 명함이 많은 것을 말해줄 수도 있기 때문이다.

　지금 내가 사용하고 있는 명함은 네 번째 회사의 명함이다. 지금의 명함을 보면 근무한 시간만큼의 애착이 간다. 10년을 넘게 근무했으니 그 전까지 다닌 회사들보다는 개인적으로도 의미가 깊다. 아르바이트까지

해서 서른 번이 넘게 직업을 바꾼 사람도 있지만 내 경우는 아직 아르바이트를 합해도 열 개는 넘지 않는다. 전단지 돌리기, 텔레마케터, 건설현장인부, 커튼 회사, 해외여행사, 대리운전 그리고 지금의 항공특송사다. 아르바이트까지 합하니 7번째 회사다.

회사를 옮기고 명함이 바뀔 때면 학교를 졸업하고 새 학년이 시작될 때와 같은 현상을 경험하게 된다. 새로운 각오가 생기는 것이다. 하지만 그런 새로운 각오는 결국 오래가지 못한다. 어느 순간 이곳에서 뭔가를 이루어 봐야지. 이곳에서 인생을 멋지게 펼쳐봐야지 하는 다짐들은 업무에 지쳐서 어디론가 사라져 버린다. 지금 생각해보면 그건 주인의식이 없어서다. 주인의식을 가지고 일했다면 처음에 가졌던 마음이 금방 식지도 않고 사라지지도 않는다. 그래서 어느 직급에 있더라도 주인의식과 경영자의 마인드는 중요하다.

회사가 지금의 사무소로 이사하면서 생긴 습관이 세 가지 있다. 첫째 출근을 30분 일찍 하기이다. 둘째는 드립 커피를 내리는 것이고, 셋째는 건물 입구를 청소하는 것이다. 30분 일찍 출근하면 온종일 마음의 여유가 생겨서 참 좋다. 그 여유를 가지고 하루를 시작하면 허겁지겁 출근해서 업무를 시작할 때보다 업무적인 실수도 줄일 수 있어서 도움이 된다.

출근해서 컴퓨터를 켜고 인터넷과 이메일을 실행시킨 후 드립 커피를 내리기 위한 준비를 한다. 전날 남은 커피를 버리고 필터를 청소한 후 새로 내린다. 커피를 내리는 동안에는 빗자루를 가지고 건물 입구를 청소한다. 청소에 걸리는 시간은 5분 정도다. 환경미화원들이 사용하는 녹색 빗자루를 들고 입구를 청소하면서 그날 해야 할 업무들을 머릿속에 떠올리며 중요한 일과 급한 일을 분리하고 업무의 순서를 정한다.

　직원들이 중간중간 출근을 하면 인사를 하면서 맞이한다. 회사에서는 한 달에 한 번씩 전직원이 동참해서 실시하는 클린데이 행사가 있지만 건물입구 청소는 누가 시켜서 하는 것이 아니라 자발적으로 매일매일 행하는 나의 의식이다. 청소하는 행위에 영향을 준 책을 하나 소개하자면 일본 청소력 연구회 대표 마쓰다 마쓰히로의 『청소력』이다. 이 책은 청소에는 행운을 불러오는 힘이 있다고 소개한다. 먼지, 곰팡이, 얼룩 등에는 마이너스의 힘이 작용하고 그것을 플러스의 힘으로 만드는 것은 청소와 정리정돈이다. 그래서 청소력을 이해하고 실천하면 걸레 한 장이 기적을 만들 수도 있다고 저자는 말한다. 나는 그 기적을 녹색 빗자루로 매일매일 만든다.

　청소가 끝나고 사무실에 들어오면 9시까지 10분 정도 시간이 남는다. 밤사이 들어온 이메일을 확인하면서 급한 업무가 있는지 다시 한 번 점검하고 커피 한 잔을 하면서 하루를 시작한다. 제일 먼저 확인하는 이메일은 '행복한 경영이야기'다. 행복한 경영이야기를 읽고 시작하는 하루는 그 날 하루를 의미 있게 음미할 수 있도록 만들어주기 때문에 좋아한다.

　한 직장에서 10년 이상 근무하게 되면 회사 안에서는 얼굴이 명함이 된다. 명함은 회사에서 만들어 주지만 명함 뒤에 쌓아 올리게 되는 평판은 오로지 나 자신에게 달렸다. 그 평판이 어떻게 만들어지느냐에 따라서 과장도 되고 부장도 된다. 평판에 따라서 승진이 결정되고 직장 내에서의 수명도 연장된다. 하지만 매사에 주인의식과 경영자의 마인드로 업무를 관찰하고 처리한다면 직장 내에서의 성공을 걱정할 필요는 없다. 그런 것들은 사업가들이 좋아하는 일을 하면 부와 성공이 저절로 따라온다고 하듯이 저절로 따라온다.

윌리엄 포크너는 "동료나 선배보다 나은 자가 되려고 애쓰지 마라. 자신보다 나은 자가 되려고 노력하라."고 말했다. 항상 내가 고민하고 경계해야 할 대상은 다른 누가 아닌 바로 나 자신이다. 정말 내가 되고 싶은 나는 무엇인가? 나는 누구인가? 를 고민하면서 답을 찾아보자. 명함이 없어도 이름 석 자 말하면 내가 누구인지 알아주는 세상. 그런 세상에서 하고 싶은 일을 하면서 산다면 정말 행복할 것이다.

가끔 거래처의 직원들을 만나서 명함을 주고받을 일이 생기는 날이면 퇴근 후에 집에서 명함을 정리하고 내 명함도 다시 한 번 자세히 보게 된다. 그러면서 드는 생각은 이 명함을 언제까지 사용할 것인가 하는 의문이다. 지금 다니는 회사는 분명 죽을 때까지 다닐 수 없다. 정년이 보장되어 있다고 해도 60세까지이다. 하지만 요즘은 100살도 넘게 살 수 있는 세상이다. 다음 스텝을 진지하게 생각하고 준비하지 않을 수 없다. 그래서 나는 꾸준하게 책을 읽고 직감과 영감을 낚으려고 노력한다. 내가 낚을 수 있는 것들은 경험과 독서력에 비례한다고 믿는다.

내 인생은 퇴근 후 저녁 시간과 주말을 통해서 뜨겁게 흐른다. 물론 평일 회사에서 근무하는 시간 동안 내 인생이 흐르지 않는 것은 아니지만 제2의 인생을 만드는 생산적인 시간은 업무 이후에 만들어간다. 그것이 지금 몸담은 회사에 대한 기본적인 예의이다. 평일 업무 시간에도 사적인 생각과 일들로 보내 버리는 것은 영어 시간에 수학을 공부하는 어리석음과 같다. 이도 저도 아니게 된다. 순간과 현실에 집중하는 것이 생산성을 높이는 방법이다. 그래서 출근하는 날 업무시간에는 회사 일에 집중하고 퇴근 이후와 주말에는 제2의 인생을 위해서 집중한다.

청소년기에 누구나 한 번쯤 읽어보았을 헤르만 헤세의 『데미안』에는 이런 구절이 있다. "새는 알에서 나오려고 투쟁한다. 알은 세계다. 태어나려는 자는 하나의 세계를 깨뜨려야 한다. 새는 신에게로 날아간다. 신의 이름은 아프락사스." 우리는 모두 날개를 가지고 있다. 그래서 자유롭게 날고 싶어하는 본능이 있다. 날고 싶은 곳은 누군가가 만들어 놓은 알속이 아니라 자기가 만든 알 속이 되어야 더욱 행복하다.

자유롭지 못하다고 느낀다면 그건 내 알 속이 아니기 때문이다. 거래처를 가서 명함을 줄 일이 없더라도 가끔은 하늘을 보듯이 가끔은 내 명함을 들여다보라. 모든 사람은 진정한 자신을 찾고 자기 자신에게 도달하기 위해서 인생을 살아간다. 내 알 속이 아니라 조금 부자연스럽고 불편하다면 수행하는 과정이라고 생각하면 된다. 강물이 아래로 흐르고 흘러서 바다에 이르듯이 수행하는 과정을 거치고 때가 되면 명함이 필요 없는 바다에 닿을 것이다.

작가들은 명함을 만들지 않는다고 한다. 명함을 내밀어야 하는 자리에서도 자신의 책에 사인해서 내민다고 한다. 책에 소개된 저자의 약력은 명함보다 조금 더 나를 소개해주고 책의 내용은 그 사람의 생각조차알 수 있게 해주니 책은 정말 훌륭한 명함이 아닐 수 없다. 명함이 된 책을 읽으려면 시간이 조금 걸리겠지만 나름대로 독특한 자기소개 방식이다. 명함이 필요 없는 진짜인생을 살고 책까지 낸다면 정말 행복할 것이

다. 그것을 앞당기는 것은 우리의 상상력과 실행력에 달려있다. 도전해
보자. 명함을 버리고도 행복한 진짜인생을.

05
진짜 공부 없이는
'내 일'도 없다

    10년 이상 직장생활을 해왔다면 한 번쯤은 직업에 대해서 생각해보게 된다. 직업의 사전적 정의를 보면 생계유지를 위해서 하는 일을 말한다. 그리고 직업은 고용형태에 따라서 정규직, 비정규직 그리고 프리랜서 등으로 구분한다고 나온다. 생계유지를 위한 직업을 통해서 자아실현을 기대하기란 무리다. 뭐든지 어떻게 생각하고 접근하느냐에 따라서 결과는 달라진다. 독일어로 직업은 베르푸(Beruf)다. 이것은 단순하게 생계를 위한 직업을 의미하는 것을 넘어서 신에게서 받은 소명이라는 뜻이 담겨 있다.

    지금 몸담은 직장에서 하는 일을 신이 부여한 사명이라 여기고 겸허히 받아들인다면 어떨까? 그런 자세로 쌓인 하루하루는 분명 커다란 선물을 안겨 줄 것이다. 이렇게 된다면 회사는 더 이상은 회사가 아니라 학교가 된다. 대학교 캠퍼스가 따로 없다. 회사가 캠퍼스가 된다. 실제로 구글이나 애플은 본사를 '캠퍼스'라고 부른다. 이 얼마나 멋진 발상인가. 회사가 공식적으로 회사를 회사로 부르지 않고 캠퍼스라고 부르자고 만들어 줄 수도 있지만, 의식만 전환한다면 내가 회사를 캠퍼스로 여기면서 다닐 수 있다.

회사를 대학교에서도 알려주지 않는 진짜공부를 시켜주는 캠퍼스로 여겨라. 미국인들을 상대로 시행한 어느 조사에게 투자 대비 수익률을 알아본 흥미로운 결과가 있었다. 『타임』지에서 진행한 이 조사의 결과는 부동산이나 주식 등에 투자했을 때보다 직업교육에 투자했을 때 훨씬 더 높은 수익을 보인다는 것을 확인시켜줬다. 세계제일의 교육열을 자랑하는 대한민국이지만 공부에 대한 우리의 추진력은 대학교에 가면 사그라든다. 대학교에서조차 식어버린 이 추진력을 회사에서 다시 살릴 수 있다면 당신은 성공한다. 회사 안에서도 성공하고 은퇴 후에도 분명히 성공한다.

성공학의 대가 스티븐 코비 박사는 『성공하는 사람들의 7가지 습관』에서 성공의 7가지 요소를 다음과 같이 정의했다. 첫째, 자신의 삶을 주도하라. 둘째, 끝을 생각하며 시작하라. 셋째, 소중한 것을 먼저 하라. 넷째, Win-Win을 생각하라. 다섯째, 먼저 이해하고 다음에 이해시켜라. 여섯째, 시너지를 내라. 일곱째, 끊임없이 쇄신하라.

이 공식은 30년이 넘게 사랑 받았지만, 그는 막상 2010년에 파산하고 말았다. 그에게 파산의 이유가 무엇인지 묻는 기자의 질문에 그는 "내가 쓴 대로 살지 않았기 때문입니다."라고 말했다. 자기계발서를 무수히 많이 읽더라도 읽는 것에서 그치고 행동으로 옮기지 않으면 아무것도 이룰 수 없다. 독서의 즐거움에서 그치는 어리석음을 범하지 않기를 바란다. 우리 인생은 몇 권의 좋은 책과 몇 번의 좋은 강의를 듣는 것으로는 절대 달라지지 않는다. 삶에 적용하고 깨달은 것을 요약해서 써보고 쓴 대로 살아가는 노력이 중요하다.

미스코리아 출신 여배우 김성령은 어느 인터뷰에서 "20대에 열심히 안 했더니 30대에 잘 안 됐어요. 30대 후반부터 노력했죠. 오늘이 있어야 내일이 있는 거라 믿고 계산 없이 그저 열심히 했어요. 돌이켜보면 그때 뿌린 씨앗을 지금 거두는 게 아닌가 싶어요. 그래서 지금도 열심히 하는 중이에요."라고 말했다.

우리 중 누군가도 20대에 입사해서 열심히 안 했더니 30대에 꼬인 회사생활과 인생을 살고 있을지도 모른다. 하지만 괜찮다. 늦지 않았다. 김성령 씨가 그랬듯이 30대 후반부터 또는 40대 초반부터 계산 없이 다시 노력하고 시작한다면 인생을 재발견하면서 희열을 맛볼 수 있다. 김희애 씨가 작품마다 주연을 꿰차는 대형 연기자인 것에 반해 김성령 씨는 크게 주목을 받지 않는 스타일로 장르와 비중을 가르지 않고 작품활동을 해왔다. 그녀가 재평가를 받기 시작한 것은 2012년 드라마 '추적자'에서부터다. 그때 그녀의 나이는 마흔다섯이었다. 회사생활로 치면 마흔다섯부터 주목을 받고 성장하기 시작한 것이다. 그래서 개인적으로 김성령 씨가 더욱 사랑스럽게 느껴진다. 만년 주연은 아니지만, 조연으로 묵묵하게 늘 쉬지 않고 자신의 길을 걸어가는 40대의 여배우는 참 멋있고 아름답다.

20대보다 아름다운 40대 그녀처럼 우리도 직장 내에서 그런 직장인이 될 수 있다. 직장 내에서 다른 경험을 할 수 있는 업무를 제안받는다면 과감하게 한 번 해보는 것도 좋다. 대부분의 연기자는 연극보다는 TV를 선호한다. 그 이유는 연극에서 한 번의 실수는 치명적이기 때문에 부담이 더욱 크고 더 많은 준비를 해야 하기 때문이다. 하지만 김성령은 연극이 재미있다고 한다. 준비과정인 연습이 그렇게 재미있단다. 그래서 공연은 안 하고 연습만 하고 싶다고 말한다. 보고서를 준비하면서 프레젠테이션을 준비하면서 이런 마음을 품을 수 있다면 정말 좋겠다.

그녀는 연기뿐만 아니라 스타일과 패션에서도 주목을 받는다. 그래서 20~30대 여성의 희망이기도 하다. 그런 관심에 그녀는 이렇게 말한다. "전보다 그렇게 달라진 게 없어요. 얼굴도 늘 이랬고, 연기도 계속 해왔죠. 똑같아요, 저는." 그녀의 말처럼 그녀는 한결 같았는데 이제야 재조명을 받는 것 같다. 그녀는 20년 넘게 연기를 해왔다. 하지만 스스로 말하길 2년 전부터야 비로소 연기가 그나마 편해지기 시작했다고 한다.

그녀는 마흔에 열정 하나만으로 경희대 연극영화학과에 들어가 4년 동안 올 A+장학금을 받았다. 불혹의 나이에 어린 친구들과 함께 수업을 듣겠다는 결심도 대단한데 성적까지 너무 훌륭하다. 더 나아가서 그녀는 졸업 후 한국외대 경영대학원에서 마케팅 석사까지 마쳤다. 그녀가 대학교에 다시 들어간 것은 연기자를 천직으로 깨닫고 이왕 하는 거 좀 더 잘하고 싶은 간절한 마음이 있었기 때문이다. 연극영화과 출신도 아니고, 아카데미 출신도 아니고, 미스코리아 출신인 그녀는 자신의 부족한 부분을 공부하기 위해서 늦었지만 과감하게 대학교에 들어간 것이다. 대학교에 이어 대학원까지 졸업할 수 있었던 것은 그녀의 성실함이 큰 몫을 했다.

나이에 상관없이 그녀는 뜨겁게 현재진행형 인간으로 인생을 살고 있다. 지금은 40대 후반을 향해서 가고 있지만 50대 그녀의 연기와 인생도 기대된다. 어느 자리에서 10년, 20년이 넘는 시간을 보내고 나면 안착하고 싶은 마음이 생긴다. 인간도 기계도 쉬지 않으면 망가진다. 하지만 쉼은 휴식이지 안착이 아니다. 힘이 들 때는 잠시 쉬어가자. 일과 생활의 균형은 중요하다. 쉬는 시간에 아이디어가 풍부하게 떠오를 수도 있다. 뭔가를 다시 시작해봐야겠다는 뜨거운 열정은 충분한 휴식 이후에도 곧 잘 찾아온다.

행복이란 무엇인가? 라는 질문에 그녀는 이렇게 말했다. "균형이다. 3개월 동안 에너지를 쏟아부어 일하고 9개월 동안 일없이 휴식만 했는데 그 9개월이라는 시간이 정말 행복했다. 우울하지 않고 무기력하지 않고 정말 행복했다. 다음 작품을 위한 재충전의 시간이 되면서 굉장히 행복했고, 일할 때는 열정적으로 해서 또 행복하다. 그래서 행복은 균형이라고 생각한다."

일과 휴식과 공부를 통해 균형을 유지하면서 아름답게 빛나는 20년차 연기자인 그녀. 그녀의 삶은 우리에게도 많은 것을 느끼게 해준다. 열정과 성실함 그리고 매력적인 외모까지 겸비하면서 진짜공부를 통해 천직이라고 여겨지는 '내 일'에 재미를 느끼면서 행복하게 살자.

공부는

위대한 생존법이 된다

우리가 진짜
공부해야 할 것들

 사명감이 없는 대부분의 직장인은 출근하자마자 모닝커피를 마시면서 동료들과 잡담을 한다. 그렇게 30분 이상을 보내고 자리에 앉아 업무를 시작하지만 집중하지 못하고 인터넷 검색으로 이슈가 되는 기사들을 검색해서 읽는다. 주식을 한다면 수시로 보유종목의 주가를 확인하기도 한다. 또한, 왼손으로는 스마트폰으로 게임을 실행시키면서 오른손으로는 컴퓨터의 마우스를 움직이며 일하는 척을 하기도 한다. 이렇게 안일하고 게으르게 근무하는 직장인들이 뜻밖에 많다.

 직장인들의 권태기를 표현하는 말로 '369 증후군'이라는 것이 있다. 이것은 3년 차, 6년 차, 9년 차 때마다 타성에 빠져서 업무에 의욕을 상실하는 증상을 일컫는다. 이 증상에 걸리면 위에 언급한 것과 같은 행동들을 하면서 일과를 보내게 된다. 이는 본인의 발전에도 도움이 안 되고 회사에도 손해를 입히는 행위라는 것을 깨달아야 한다. 하루 중 절반에 가까운 시간을 회사에서 보내면서 월급 벌레로 전락하는 태도는 보이지 말자.

직장도 하나의 공동체다. 공동체 생활에서 인정을 받고 성공을 하기 위해서는 기본적으로 신뢰가 바탕이 된 상태에서 업무적으로 협력하고 궁극적으로는 여러 사람의 지지를 얻어야 한다. 그런데 위에서와같이 근무태만한 직원들은 첫 번째 단계인 신뢰의 관문을 통과하기가 힘들다. 신뢰의 문을 통과하지 못했기 때문에 업무적으로 힘들고 어려울 때 협력을 기대할 수가 없다. 그런 것들이 쌓이고 쌓이면 그는 무능한 직장인으로 낙인이 찍혀서 승진을 앞둔 시점에서 지지를 받을 수 없게 된다.

미국의 어느 심리학자는 능력 부족으로 실패한 사람은 10%이지만 잘못된 인간관계로 인해 실패한 사람은 90%에 이른다는 것을 연구를 통해 밝혀냈다. 카네기 공과대학에서도 오래전 재미있는 연구를 했다. 실패한 사람 1만 명을 대상으로 연구한 결과, 전문지식이나 기술부족으로 실패한 사람은 15%이지만 인간관계의 잘못으로 인해 실패한 사람은 85%에 이르렀다. 인간관계에 실패하게 되면 인생에 실패했다고 봐도 지나친 말은 아니다.

업무실적이 뛰어나고 생산성이 높은 팀을 잘 살펴보면 팀원들끼리의 관계가 원만하고 불협화음이 없다. 그런 팀은 어떤 프로젝트를 맡겨도 목표를 거뜬하게 달성해낸다. 또한, 업무성과를 나타내는 생산성 지표가 상향곡선을 그리면서 간다. 인간관계에 성공한 상사나 동료들을 만나는 것은 직장생활에서 커다란 복이다. 어쩌면 가장 큰 복일 수도 있다.

윌리엄 미첼은 "누군가에게 미소를 한 번 지어주고 격려의 손길을 한 번 건네고 칭찬하는 말 한마디를 하는 것은 자신의 양동이에서 한 국자를 떠서 남에게 주는 것과 같다. 즉, 남의 양동이를 채워주는 일이다. 희한한 것은 이렇게 퍼내 주고도 제 양동이는 조금도 줄지 않는다는 사실이다."라고 말했다.

가벼운 인사와 격려의 손길 그리고 칭찬은 인간관계를 부드럽게 만들어준다. 타인에 대한 관심을 기본으로 애타심이 가진 팀과 애타심이 가진 나는 어디를 가든지 환영을 받는다. 스스로 인기가 없는 직원이라고 평가를 한다면 새로운 곳에서 다시 인맥을 형성하기보다는 지금 몸담은 곳에서 관계를 돈독하게 다지는 것이 좋다. 안에서 새는 바가지가 밖에서 안 샐 리가 없다. 현재 몸담고 있는 곳에서부터 관계를 회복하는 것이 우선이다.

직장인들의 꿈은 아이러니하게도 현재 다니는 회사를 그만두는 것이다. 그리고 창업을 하거나 좀 더 좋은 곳으로 옮겨가는 것이다. 하지만 우리는 어디를 가든지 관계 속에서 벗어날 수 없다. 세상을 살다 보면 세상 참 좁다는 것을 경험하게 된다. 인맥의 6단계 법칙이 있는데 요약하면 인간은 1인당 6명의 서로 '아는 사람들'과 연결되어 있다는 것이다. 그래서 아무리 유명한 연예인이나 정치인 경제인들도 아는 사람의 아는 사람을 거치고 거치면 다 연결된다는 것이다. 세계적으로 유명한 동기부여가인 브라이언 트레이시는 인간관계가 성공을 위한 조건에서 85%를 차지한다고 말했다. 아무리 재주가 뛰어나고 능력이 있어도 혼자서는 성공할 수 없다. 왜냐하면, 세상은 관계를 통해서 모두 연결되어 있기 때문이다.

직장생활에서 평판은 무시할 수 없다. 그리고 세상을 살면서 인간관계는 무시할 수 없다. 이런 것들이 중요하지만 계산하지는 말고 자연스럽게 관계를 맺어가야 한다는 것이다. 인간관계 역시 불확실한 미래를 위한 보험과도 같은 것이다. "미래는 항상 과거에 한 발을 담그고 있다."는 말을 명심하면서 직장생활을 해야 한다.

인간관계와 더불어 한 가지 더 공부하면 좋은 것은 '자기암시'다. 자기암시는 한때 서점가에 열풍을 일으킨 론다 번의 『시크릿』에서 '끌어당김의 법칙'으로 표현이 되었다. 미국에서 최단기간 500만 부를 돌파한 이 책은 어떤 생각을 할 때는 그 생각과 비슷한 다른 생각들과 물질들을 끌어당기게 된다고 설명한다. 그래서 좋은 집에서 사는 생각, 좋은 차를 타는 생각, 원하는 이상형과 결혼을 하는 생각, 자기 분야에서 최고의 전문가가 되는 생각 등을 구체적으로 상상하면 현실이 된다는 것이다. 여기서 중요한 것은 오감을 통해서 느낄 수 있을 만큼 구체적으로 상상해야 한다는 거다. 책을 읽고 실천해 본 사람들은 알겠지만 단순하게 상상하기는 쉽지만 구체적으로 온몸으로 느낄 수 있을 만큼 생생하게 상상하는 것은 조금 힘들다.

자기암시는 일반인들에게는 아직 생소한 용어일 수도 있다. 이것이 적극적으로 활용되고 있는 분야는 스포츠다. 스포츠 선수들은 종목을 불문하고 자기암시를 생활화하고 있다. 큰 경기에서 승자가 되는 것은 훈련의 강도도 있겠지만, 한편으로 누가 더 자기암시를 통해 강렬하게 승리를 욕망했는가에 따라 달라진다. 스포츠 심리학자인 켄 라비자는 "땀을 흘릴 필요가 없이 원하는 성과를 얻을 수 있다."라고 말하기도 했다.

메이저리그의 조지 브렛 선수는 21년 동안 317개의 홈런과 3,154개의 안타를 기록하며 1999년 명예의 전당에 올랐다. 그는 "나는 대기타석에서 어떤 공이든 원하는 방향으로 칠 수 있을 것 같은 생각이 든다. 그런 장면이 머릿속에 떠오르면 야구공이 마치 배구공처럼 크게 보인다. 자기암시에는 한계가 없다."라고 하면서 자기암시의 효과를 설명하기도 했다.

자기암시는 비단 스포츠 선수들에게만 효과가 있는 것은 아니다. 실생활이나 직장에서도 얼마든지 적용할 수 있다. 대한생명에서 보험왕으로 유명한 유현숙 설계사는 "부자 고객을 찾아다니기보다 부자 고객이 자신에게로 찾아오는 것을 즐긴다."라고 말했다. 긍정적인 마인드와 자기암시가 성공의 비결이다. 너무도 간단하다.

두뇌가 인지하는 영역에서 시각정보는 많은 비중을 차지한다. 하지만 재미있는 사실은 우리 뇌는 상상과 현실을 구분하지 못한다는 것이다. 우리는 이 사실을 잘 알지 못하고 생활하는데 이제부터라도 이런 과학적인 원리를 충분히 활용하면서 지내야 한다. 이것은 성공을 위해서도 그렇고 행복을 위해서도 그렇다.

자기암시는 눈을 감을 때 더욱 생생하게 할 수 있다. 눈을 감고 아무것도 보이지 않게 되면 그곳에 원하는 것을 그려주면 된다. 그리기 시작하면 뇌가 자극을 받으면서 새로운 변화들이 일어나기 시작한다. 단지 눈을 감고 하는 상상만으로도 후두엽의 시각중추가 반응하는 것이다. 이런 자기암시는 남녀노소를 가리지 않고 생각만 할 수 있다면 누구나 할 수 있다.

불확실한 미래와 의지할만한 인맥이 없다고 자포자기하면서 하루하루를 두려워하지 마라. 지금까지의 실패는 모두 잊고 인생은 지금부터라고 생각하라. 튼튼한 인간관계를 쌓고 자기암시를 생활화한다면 더 나은 삶을 살 수 있다. 그리고 원하는 목표를 이루고 꿈꾸던 성공을 이룰 수 있다. 우리의 삶을 변화시키는 것은 주변의 인물들과 내가 하는 상상에 달려있다. 상상은 인간이 가진 가장 강력한 힘이며 마법의 도구다.

07
진짜 공부로
항상 깨어있어라

　『김밥 파는 CEO』로 유명한 JFE의 김승호 사장은 1964년 충남 장항 출생으로 1987년 중앙대학교 재학 중 家族과 함께 미국에 이민을 떠났다. 불황 속에서도 성공하는 사업이 있듯이 아메리칸 드림의 실현 여부는 시대의 상황에 달려있기보다는 개인의 상상력의 크기에 달려 있었다. 그는 머릿속에 매일 미국 지도를 펼쳐놓고 그의 사업이 미국 전역으로 번져가는 상상을 했다.

　그는 관찰력의 대가이며 실행력의 대가이다. 그래서 어떤 상황에서든 가능하면 넓게 보고 위에서 보려고 한다. 그리고 사람들의 말과 행동의 이면까지 들여다보고 행동한다. 그의 눈에는 쇼핑몰을 한 바퀴만 돌더라도 수많은 판매기교가 보인다. 그래서 본인 사업에 적용 가능한 것들을 찾아내면 적용한다. 그런 과정들을 그는 게임을 즐기듯이 즐긴다. 사업은 그렇게 게임도 되고 때로는 매력적인 이성과의 교제만큼 황홀한 기쁨도 선사해준다.

그는 누군가 "사업을 하면서 가장 필요한 재능이 무엇인가?"라고 묻는다면 망설임 없이 "상상력이다."라고 말한다. 반면 사업을 하면서 가장 위험한 요소는 "망상이다."라고 말한다. 상상은 비판과 고뇌의 과정을 거치면서 간절히 원하는 것이지만 망상은 그런 과정이 없이 단순히 주관적인 자기 욕구일 뿐이기 때문이다. 그의 상상력을 키우는 데는 독서가 가장 큰 영향을 미쳤다. 그래서인지 미국에 이민을 갈 때에도 한국에서 보던 책들은 소중하게 챙겨서 갔다.

헤르만 헤세는 "우리의 내면에는 세상 모든 것을 알고 있으며, 세상 모든 일을 할 수 있는, 우리 자신보다 세상 모든 일을 더 잘할 수 있는 누군가가 우리의 내면에 살아 숨 쉰다."라고 말했다. 이 말은 사실이다. 하지만 이것을 깨닫고 경험하기 위해서는 진짜공부와 꾸준한 운동이 병행되어야 한다. 이 두 가지를 실천하는 성실한 직장인은 놀라운 경험을 하게 될 것이다. 성실한 직장인에게는 다른 것들이 크게 문제 되지 않지만 성실하지 않은 직장인에게는 모든 것이 문제가 된다.

그는 직원들에게 두 가지 약속을 했다. 하나는 회사의 연간 매출액이 2천5백만 달러가 넘는 해에는 전 직원에게 BMW5를 사주는 것이고 다른 하나는 5천만 달러가 넘으면 집을 한 채씩 사주는 것이다. 지금은 이런 약속을 할 만큼 회사를 성장시켰지만, 그도 한때는 반복된 실패의 경험이 있다. 하지만 그는 실패의 늪에 빠지지 않고 운동을 했다. 운동은 그가 실패 후 한 행동 중 가장 현명한 행동이라고 스스로 평가한다. 그는 배짱은 가슴 속에 있는 것이 아니라 가슴 근육에 들어가 있다고 말한다. 파탄에 이르러 몸도 마음도 황폐해진다면 주저앉지말고 밖으로 나가서 산책이라도 하면서 걸어라. 꾸준한 운동을 통해서 건강한 몸을 얻게 되면 자신감을 덤으로 선물 받을 수 있다. 덤으로 받은 자신감은 인생을 움직이게 만드는 핵심동력이다. 또한 자신감은 잠들어 있던 꿈을 되살리는 불씨가 된다.

부자들은 역설적이게도 게으르기 위해서 남들보다 열정적으로 일한다. 부자들은 돈보다 시간을 더욱 소중하게 여긴다. 그는 기업의 이념을 '게으르기 위해 부지런하고 나의 시간을 사기 위해 일한다.' 라고 정하고 오후에 게으르기 위해서 오전에 일찍 출근한다. 방해하는 사람과 걸려오는 전화가 없는 시간에 그 날 점검해야 할 서류와 업무를 미리 검토하는 것이다. 그는 사업하면서 한가롭게 지내기 위해서는 직원들을 믿어야 한다고 말한다.

이것은 비단 사장직급에만 해당하는 말이 아니다. 우리도 주변의 동료들을 믿으면서 일해야 한다. 신뢰가 바탕이 된 업무관계가 회사에서는 기본이고 첫 번째 단추다. 그는 직원들에게 충분한 재량권을 위임했고 시스템을 구축했다. 그래서 그가 없어도 회사는 몇 달씩 무리 없이 돌아간다. 그는 여가를 활용해 1년에 100권이 넘는 책을 읽고 농사도 짓고 책도 쓴다. 끊임없이 새 지식을 습득하고 조용히 사색하는 시간을 갖는다면 경제적으로나 정신적으로 독립된 인간으로 홀로설 수 있다. 독서를 통해서는 무엇을 결정할지 배울 수 있고, 사색을 통해서는 그것을 언제 결정할지를 배울 수 있기 때문이다.

지금까지 모아놓은 돈이 없다고 자신감을 상실해서는 안 된다. 대부분 마흔 살 이전에 번 돈들은 우리의 경험치를 높이기 위한 수업료가 된다. 그래서 돈이 모이기 시작하는 시점은 마흔 이후다. 칸트는 "행복의 원칙은 첫째, 어떤 일을 할 것. 둘째, 어떤 사람을 사랑할 것. 셋째, 어떤 일에 희망을 품는 것이다."라고 말했다. 인간은 생각을 통해서 스스로 희망과 행복을 만들어 낼 수 있는 유일한 존재다.

행복해지기 위해서 나는 어떤 일을 하고, 어떤 사람을 사랑하고, 어떤 일에 희망을 품는 것이 좋은지 생각해보라. 쉽게 답을 찾을 수 없다면 역시 독서와 사색의 터널을 지나야 한다.

'이민자 직업법칙'이라는 것이 있다. 미국에서 어떤 직업을 갖게 되느냐는 공항에 마중 나온 사람의 직업에 따라 결정이 된다는 법칙이다. 목수가 마중 나오면 당신 또한 목수가 될 확률이 높고 세탁소 주인이 마중 나오면 세탁소 주인이 될 확률이 높다. 당신을 마중 나오는 사람의 직업을 당신이 결정할 수도 있다. 그것은 평소에 칸트가 말한 행복의 원칙을 얼마만큼 생각하면서 사느냐에 달려 있다. '어떤 일을 할 것인가'에만 집중해도 내 주변에서 함께 일하게 되는 사람들이 달라진다.

미국에 갈 때 갖고 있던 책을 모두 가져갔던 그는 요즘도 한 달 평균 300달러 정도를 책값으로 지출한다. 현재 보유하고 있는 책이 수천 권이 넘지만, 독서는 멈출 수 없는 그 무엇이다. 그의 독서방향은 일정치 않다. 책 속에서 다른 저자의 책이 소개되는 경우는 반드시 그 책을 찾아

읽는다고 한다. 베스트셀러만 즐겨 읽던 나도 어느 순간부터 이런 식의 독서법으로 독서를 하고 있는데 분야는 달라도 모든 책은 그물망처럼 연결된 느낌을 받곤 한다. 그물망 독서법으로 독서를 하다 보면 무엇을 해야 하는지, 무엇을 준비해야 하는지, 무엇을 더 배워야 하는지를 자연스럽게 알게된다.

직장생활이 10년을 넘고 인생 또한 후반기를 향해 가는 지점의 공부는 지식의 양을 늘리기 위한 것이 아니라 우주와 인생과 인간을 이해하고 깊이를 더하는 공부여야 한다. 김승호 씨는 본인 스스로 육체노동을 통해 돈 버는 재주는 없고 남의 밑에서 일할 만한 배짱도 없다고 평가했다. 그래서 그나마 잘할 수 있는 것이 사장 노릇이라서 회사를 만들어 마음대로 일하는 것으로 방향을 정했다. 자신을 철저하게 분석한 후 단점이 있다면 인정하라. 숨기지 말고 과감하게 드러내라. 드러내 보이지 않으면 그것은 단점이 아니라 약점이 되어 더욱 치명적이다. 하지만 드러내 보이면 개선해야 할 기회 영역이 된다.

아리스토텔레스는 "희망은 잠자고 있지 않은 인간의 꿈이다. 인간의 꿈이 있는 한 이 세상은 도전해 볼 만하다. 어떤 일이 있어도 꿈을 잃지 말자. 꿈을 꾸자. 꿈은 희망을 버리지 않는 사람에게 선물로 주어진다." 라고 말했다. 김밥 파는 CEO 김승호의 사업과 인생의 성공비밀은 독서와 긍정적인 상상력이다. 그는 이 두 가지를 통해서 꿈을 이루었고 또 다른 꿈을 계속 꾸고 있다.

사업이 얼마에, 얼마만큼, 언제까지를 놓고 벌이는 게임이라면 직장생활은 얼마의 연봉을 언제까지 받고 계속 다닐 것인지 말 것인지를 놓고 벌이는 게임이다. 현재 내가 최고의 업무 퍼포먼스를 보인다고 하더라도 꾸준한 독서와 긍정적인 상상력이라는 아이템이 없다면 게임에 끌려다닐 수밖에 없다. 자신이 원하는 것을 이루는 방법은 간절한 욕망이 첫 단추다. 원하는 것을 찾아 간절히 욕망하고 필요한 진짜공부를 하면서 항상 깨어 있어야 한다.

08
나는 내 인생의
최고 행복경영자다

단테는 "지식이 깊은 사람은 시간의 손실을 가장 슬퍼한다."라고 말
했다. 우리는 모두 자기 인생의 최고경영자다. 그렇다면 우리는 과연 경
영자로서 하루 24시간을 어떻게 보내고 있는지 생각하고 평가해야 한
다. 겨울연가로 유명해진 남이섬. 남이섬은 문화독립국가 나미나라공화
국이라는 또 다른 별칭으로 불리기도 한다. 연간 관광객 수가 180만 명
에 이른다. 이들 중 일본, 중국, 태국 등 외국인 관광객도 20만 명을 차지
한다. 이런 성과를 이루게 한 핵심인물은 창조경영과 상상경영의 대명사
로 불리는 남이섬 강우현 대표다. 그는 홍대 미대를 나와 전직 일러스트
레이터이자 동화작가로 활동했다. 송파구청이 4천만 원 비용을 들여 처

리하던 은행잎을 무료로 가져와서 남이섬의 소품으로 활용한 사례는 유명하다. 그는 쓰레기를 '쓸애기'라고 부른다.

그는 "아무도 시도해본 적 없는 일을 할 때가 가장 설렙니다. 어려운 일일수록 더욱 흥분됩니다."라고 말했다. 2001년 그가 처음으로 남이섬 경영을 맡았을 때 남이섬은 200억 원의 빚을 진 실패한 유원지였다. 아무것도 없고 빚만 가득한 섬이었지만 그는 오히려 아무것도 없었기에 모두가 함께 만들어갈 꿈과 희망으로 가득한 곳이라고 생각했다. 그는 누구보다 역발상이 뛰어나고 항상 긍정적으로 사고하고 상상한다. 그래서 섬에 무수히 굴러다니던 빈 소주병과 캔이 그의 눈에 자원으로 보였고 작품으로 새롭게 재탄생하게 되었다.

'좌로 가나 우로 가나 운명이다. 그냥 딛고 넘어가라.'가 그의 상상망치다. 상상망치란 창의력이 비결인데 그것은 바로 역발상과 도전정신이다. 강우현 대표는 장난기가 넘치고 항상 유쾌한 상상이 넘치는 살아있는 피터팬이다. 그래서 남이섬에서는 장난이 통하고 상상력으로 가득한 바보가 대접을 받는다. 또한, 주식회사 남이섬은 이윤을 추구하기보다는 영원성을 추구한다. 남들은 성공했다고 평가하는 남이섬의 부활에 강 대표는 아랫글로 대신한다.

내 사전에 성공이란 없다. - 강우현

성공이나 기적을 느끼기 시작하면 마약보다 무섭다.
자만심 때문에 다음 일은 실패할 수밖에 없다.

성공을 느끼는 순간 의지가 사라지고,

기적을 느끼는 순간 개성이 사라진다.

성공은 우리가 가장 두려워하는 말이다.

내 사전에 성공이란 단어는 없다.

남이섬의 신입은 60세이며 정년은 80세이다. 체력이 허락한다면 정년의 연장도 가능하다. 이것이 인사규칙이다. 남들은 불가능하다고 생각하는 것들이 여기서는 상상만 하면 현실이 된다. 그것은 강 대표의 불장난 덕분이다. 불가능에서 불자를 날려 버리고 가능으로 만드는 것이 그의 불장난이다. 그 덕분에 회생 불가, 대출 불가, 매각 불가였으며 남이섬은 사유지이기 때문에 스스로 살아남아야 한다는 지역사회에서의 매정함 속에서도 아름답게 다시 피어날 수 있었다.

그는 월급 100원을 받고 남이섬의 사장으로 일을 시작했다. 망해가는 회사의 사장으로 와서 정상적인 월급을 받는 것은 잘못이라는 생각 때문이었다. 그에게는 돈이 중요한 것이 아니라 과연 내가 그 일을 할 생각이 있느냐 열정이 있느냐였다. 그는 "모든 사람은 각자 자기의 우주를 가지고 있지만, 그 우주를 가지고 있는 것을 모르고 있다. 남이섬은 그 우주를 가시화시킨 것이다."라고 말했다. 남이섬은 인간이라면 누구나 태어나면서부터 꿈꾸는 상상의 세계 그리고 마음 편히 누구나 쉴 수 있는 격조 있는 땅으로 계속 변화하고 있다. 그는 사장이지만 오늘도 즐겁게 땀 흘려 일하면서 최고 행복경영자로 남이섬을 운영하고 있다.

박원순 서울시장 또한 삶의 원동력으로 '재미'를 꼽았다. 좀 더 자세히 말하면 그가 말하는 재미는 '세상을 바꾸는 재미' 다. 하지만 그도 처음부터 이런 재미에 눈을 뜬 것은 아니다. 그는 변호사로 잘 알려졌지만 사실 시작은 검사였다. 1980년 제22회 사법시험에 합격하고 대구지검에서 검사로 재직하다 변호사가 더 맞을 것 같다는 고민 끝에 변호사로 개업했다.

변호사로 개업한 후 지금은 고인이 된 조영래 변호사를 만났는데 그러면서 그의 인생은 조금씩 바뀌었다. 조 변호사와 함께 '망원동 수해 이재민 소송' 그리고 '부천 성고문 사건' 등을 변호하면서 인권변호사로 일하게 된 것이다. 그러던 어느 날 조 변호사로부터 "더 넓은 세상을 보고 오라."는 조언에 따라 영국과 미국 유학을 다녀왔다. 그 이후에 본격적으로 시민 운동가로 일하게 된 것이다. 시민 운동가로 일하면서 세상을 바꾸는 재미에 빠진 그는 '아름다운 가게' 와 '아름다운 재단' 을 만들어 나눔과 봉사를 우리 사회의 가치로 만들기 위한 노력을 하기도 했다.

박원순 시장은 서울시를 운영하면서 당장 성과를 중요시하기 보다는 원칙과 합리를 찾아가는 과정을 더욱 중요하게 생각한다. 그는 시민 모두가 소통에 참가하고 문제 해결의 과정에 참여하고 협력하는, 시민이 곧 문제의 해결사가 되고 변화의 원동력이 되는 서울을 꿈꾼다. 그런 그의 운영철학을 바탕으로 서울시는 39개 SNS 채널로 시민들의 의견을 접수하고 담당 부서에 전달하여 민원처리를 하고 있다. 시장 또한 직접 트위터에 답글하면서 문제 해결을 약속한다. 그것은 바쁜 일정 속에서도 가장 낮은 자세로 시민과 소통하겠다는 그의 열정이 있기에 가능하다.

그는 서울의 인구가 조금씩 줄고 있는 것에 대해서 걱정을 하지 않는다. 그는 오히려 수도권 집중을 걱정하고 지방균형발전을 강조한다. 그의 포부는 서울시가 대한민국의 지방도시와 경쟁하는 것이 아니라 뉴욕과 런던 그리고 동경 등 세계적인 도시들과 경쟁을 하면서 경쟁력을 갖춘 도시로 성장해가는 것이다.

그는 어느 특강에서 "인생의 목표가 어떻게 돈입니까? 우리나라에 빈곤계층, 단전 · 단수 가구가 수십만 가구입니다. 세상 인심이 예전과 너무 달라졌습니다. 한국의 인간계발지수, 삶의 질, 행복지수는 후진국입니다. 잘살면 뭐합니까. 이렇게 서로 못 믿고 갈등이 심한데 불행한 거죠. 뭐 때문에 그렇게 노력했습니까? 좀 더 행복해지고 사이좋게 지내려고 그런 것 아닙니까?"라고 말했다.

언제든지 화내고 싸울 준비를 하는 사람들에게는 행복이라는 파랑새가 찾아오지 않는다. 그들은 행복이 바로 옆에 있어도 찾지 못한다. 늘 남과 다르게 생각하는 습관과 긍정적인 마인드를 습관화하면 누구든지 최고로 행복한 경영자로 살아갈 수 있다.

그는 인생의 갈림길에 설 때 본인에게 재미있는 것을 하라고 조언한다. 또한, 그 재미가 자신뿐만 아니라 여러 사람과 나눌 수 있는 것이라면 더욱 좋다고 하면서 꿈꾸는 사람은 누구나 세상의 주인공이 될 수 있다고 말한다. 에디슨은 "변명 중에서 가장 어리석고 못난 변명은 '시간이 없어서' 라는 변명이다."라고 말했다. 우리는 나미나라공화국의 대표나 서울시장보다 바쁘지 않다. 직장인이라면 퇴근 후 3시간을 잘 활용해서 인생을 경영해야 한다. 시작하자!

CHAPTER 4

남은 인생을 걸고
공부에 도전하라

01

이 많은 시간을
어떻게 할까?

　　중국의 유명한 시인으로 이백(李白)이 있다. 자는 태백(太白), 호는 청련거사(靑蓮居士)인 그는 두보와 함께 중국 역사상 가장 위대한 시인으로 꼽힌다. 이 두 사람을 합쳐서 이두(李杜)라고 하는데 특히 이백은 시선(詩仙)이라 칭송받았다.

　　촉나라 쓰촨 성에서 태어난 그는 무역상이었던 아버지를 따라서 함께 이동하는 생활을 해야 했기 때문에 어렸을 적에 정규교육을 받지 못했다. 하지만 청년 시절에는 독서와 검술에 정진하였고 20대 중반 무렵 고향인 촉나라에서 동암자라는 선인과 도교를 수양하였으며 그 후 고향을 떠나 강남(江南)을 여행하였다. 이때 그는 몰락한 귀족의 자제들과 어울리면서 아버지의 유산을 많이 소비하였다. 그는 43세에 현종의 칙령을 받아 관직에 오르기도 하지만 지루하고 따분한 생활을 견디지 못하고 1 년 만에 사직한다. 그 후 두보를 만나 낙양에서 산둥까지 함께 여행하였다. 54세에 다시 강남으로 돌아온 그는 안사의 난으로 유배되는 등 불우한 말년을 보내면서 강남의 각지를 유람하며 다녔고 62세에 종숙 이양빙의 집에서 사망한다.

현재 약 1,100여 수의 시가 남아 있는 이백의 시는 박진감이 넘치고 스케일이 크며 때론 환상적이라는 평을 받는다. 시인 두보(杜甫)는 시를 지으면서 뼈를 깎는 듯한 고심을 기울이지만 그보다 열 한 살이 많았던 이백은 많은 고민 없이 한 번에 시를 지은 것으로 유명하다. 애주가였던 이백의 시중 하나인 '장진주' 라는 시를 소개한다. 그의 천재성이 가장 잘 나타난 시 중의 하나다.

장진주(將進酒) - 이백

그대 보지 못했는가
황하의 물 하늘에서 내려와
바다로 갔다가 어디 돌아오던가
또한, 그대 못 보았는가
방 안 거울에 비친 백발 보고 슬퍼하는 것을
아침에 검던 머리카락 저녁나절 눈처럼 희어지지 않았는가
사람 살아 있어 좋을 때 맘껏 즐기자고

금 술통 달빛 아래 버려두지는 말아야지

하늘이 나를 태어나게 한 것은 필경 쓸모가 있음이려니

돈은 없어지면 다시 돌아오기도 하는 것

염소 삶고 소 잡아 즐겁게 마시자고!

시작하면 한 번에 삼백 잔은 마셔야지

잠부자, 단구생 이 친구들아

술 권하니 거절하지 말게

그대 위해 노래 한 곡 부르고 싶구나

귀 기울여 들어 주시게

풍악(風樂)과 산해진미(山海珍味) 귀할 것 없다네

그냥 오래도록 취해 깨지 않았으면

옛 성현들 이름 다 잊혀지지 않았나

술 잘 마시던 사람들 이름만이 남아 있음이야

진왕(陳王)이 평락관(平樂觀)에서 잔치할 때

비싼 고급술 맘껏 즐겼다네

주인장, 어찌 술값 모자라다 하는가

귀한 오색 말과, 천금의 모피 옷을

아이더러 좋은 술과 바꿔오게 할 것이니

그대와 더불어 오래 쌓인 시름 가닥가닥 풀어보세

술을 따라 손님에게 권하는 권주가인 이 시는 그의 나이 45세쯤 유랑
시절에 쓴 것으로 추정되고 있다. 한때 한나라 현종 황제의 한림공봉(翰

171

林供奉)이라는 궁정시인으로 지내기도 했지만, 특유의 호탕한 성격 탓에 쫓겨나 유랑을 했다. 그 시절 재력이 충분하지 않았음에도 시에서 살찐 명마와 천금 옷을 좋은 술과 바꿔오게 한다는 표현은 약간의 거짓으로 들리지만 밉지 않다. 시선으로 불리는 그의 소탈한 인간성이 느껴지기 때문이다.

황하의 물은 한 번 바다로 흘러가면 다시 돌이킬 수 없다. 흐르는 강물은 시간과 같아서 흐르는 강가에 발을 담그고 있다면 우리는 똑같은 물에 발을 담그고 있는 것이 아니다. 이렇게 자연의 이치에 따라 흘러가는 것들은 돌이킬 수 없다는 것을 깨달은 사람들은 하루의 사용법과 인생의 사용법에 대해서 고민을 한다. 시간의 체감속도에 따라서 하루가 빠르게 흐르기도 하고 느리게 흐르기도 하겠지만, 하루 24시간은 누구에게나 공평하게 주어진다. 그리고 평균수명이 점점 길어지고 있으므로 은퇴를 한 이후에도 한 번의 인생은 더 살 기회가 주어진다.

이 시에서 가장 좋아하는 표현은 '하늘이 나를 태어나게 한 것은 마침내 쓸모가 있음이려니' 라는 말이다. 이것은 이백이 단순하게 술에 취해서 한 말이 아니라 우주의 진리다. 각박한 세상에서 잠시 근심과 걱정을 덜기 위해서 이백은 술을 권하기는 하지만 그가 진정으로 전하고 싶은 말은 우리가 모두 반드시 어딘가에 필요 있고 쓸모 있는 존재이며 그 사명을 다 하기 위해 이 세상에 태어났다는 사실이다.

나는 어떤 쓸모를 위해서 이 세상에 태어난 것일까 한 번쯤은 진지하게 생각해보는 시간을 갖길 권한다. 그것에 대한 사명이 지금 몸을 담고 있는 직장일 수도 있고 아닐 수도 있다. 중요한 것은 자신의 길을 찾고 그 길을 가는 것이다. 세상의 공식대로 정해진 길을 따르지 않는다고 누군가 손가락질 한다면 과감하게 무시해도 좋다. 우리는 모두 태어난 환경과 자란 환경이 다르지만, 누군가 정해놓은 틀에 맞춰서 살려고 무척 노력하면서 스트레스를 받으며 살아간다.

평균수명은 점점 길어지지만 은퇴연령은 점점 빨라진다. 준비되지 않은 자들에게는 오히려 은퇴 후 남은 시간이 재앙이 될 수도 있다. 하지만 자존감을 느끼고 자신을 존중하고 나는 반드시 쓸모가 있어서 태어났다는 사실을 믿는다면 그런 것들이 두렵지 않을 것이다. 행복은 클로버. 세잎 클로버. 발견하고자 마음만 먹으면 언제든지 찾을 수 있다. 행복은 추구의 대상이 아니라 발견의 대상이기 때문이다. '네 안에 있는 진정한 나는 무엇이고, 무엇을 원하는가'에 대한 답을 찾아야 한다.

나폴레옹은 "지금 내가 겪고 있는 불행은 언젠가 내가 잘못 보낸 시간의 결과다."라고 말했다. 과거에 연연한 삶은 어리석다. 시즈 더 모먼트 (Seize the moment). 순간을 즐기며 공부하는 삶의 자세가 행복과 성공의 기본이다.

02
공부,
나를 일으켜 세우는 힘

유서를 써본 경험이 있는가? 여기 유서도 많이 써보고 자살시도까지 했던 한 남자의 이야기가 있다. 사업이 너무 힘들었던 그는 어느 날 9층 사무실 옥상에 올라가서 발을 한쪽 내밀고 뛰어내리려고 했다. 그런데 그 순간 따르릉 하고 전화벨이 울렸다. 아내일지도 모른다는 생각에 마지막 가는 길에 아내의 목소리를 듣고 싶어서 전화를 받았다. 하지만 전화를 한 곳은 다름 아닌 세무서였다. 세무서 직원이 세금 내라고 독촉전화를 한 것이다.

'남자에게 참 좋은데 뭐라고 표현할 수가 없네.' 라는 광고카피를 건강식품에 관심이 있다면 누구나 기억할 것이다. 앞의 이야기 주인공은 바로 산수유로 유명한 천호식품의 김영식 회장의 일화다. 김 회장이 "계속 그렇게 사업 못 하게 다그치면 여기 9층에서 뛰어내립니다. 그러잖아도 지금 자살할 생각이었소."라고 했더니 세무서 직원이 "뛰어내리는 건 그쪽 사정인데, 세무서 전화 받고 뛰어내렸다는 말은 하지 마세요."라고 했다. 그의 말에 오히려 오기가 생긴 김 회장은 "사업한 지 14년 됐고 그동안 전화번호 한 번도 안 바꿨습니다. 그런 사람이 세금 떼 먹는거 봤습니까? 기다리세요."라고 말하며 전화를 끊었다. 그리고 새롭게 다시 시작하기로 하고 지금의 천호식품을 성공한 기업으로 일으켜 세웠다.

성공하면 모든 것이 아름답게 느껴진다. 그 기분을 미리 앞당겨서 느끼게 해주는 도구가 공부다. 김영식 회장은 매일 아침 6시에 두 종류의 신문을 읽고 공부하며 좋은 기사나 아이디어가 떠오르면 바로 간부 직원 25명에게 문자를 보낸다. 가끔 서초동에 있는 국립중앙도서관에서 공부하기도 하는데 이때 강화도 일대에서 자생하는 사자발쑥이 좋다는 사실을 알게 되었다. 3년간 숙성시킨 강화사자발쑥은 일반 쑥값보다 열 배정도 비싸지만, 우리나라를 대표할만한 최고의 약용 식물이라고 그는 생각했다. 사자발쑥의 성공에 대한 확신을 품은 그는 제품을 만들고 쑥색의 와이셔츠와 넥타이를 하고 쑥 노래를 부르면서 강남역 지하도에서 전단을 돌렸다. 혹시 비행기 안에서 전단을 돌린 사람의 이야기를 들어본 적이 있는가? 그 또한 김영식이다. 서울과 부산을 오가는 비행기 안에서 승무원의 제지에도 불구하고 "이 전단 안 뿌리면 나 죽어요. 이 비행기 못 탑니다. 쑥이 얼마나 좋은지 아십니까? 다음에 돈 벌면 내가 한 상자 선물할게요."라고 양해를 구하면서 전단을 돌린 것이다. 김영식 회장은

15개의 대학원 최고 경영자 과정을 수료했는데 그중 한 곳이 연세대 언론홍보대학원이다. 탤런트 이순재 씨와의 인연은 그곳에서 시작되었다. 당시 광고 모델료를 지급할 수 없는 상황이었지만 나중에 벌어서 주겠다는 그의 말과 평소 쑥에 미친 사람처럼 열변을 토하고 다닌 그의 행동을 믿고 모델이 되어준 것이다.

'뚝심 대장', '인간 오뚝이' 라는 별명을 가지고 있는 김 회장. 그는 기업가의 사명을 물건과 돈을 끊임없이 돌게 만들고, 고용을 계속 늘려 사회에 이바지하는 것으로 생각한다. 그리고 현재 목표는 복지시스템을 잘 갖춘 국내 최고의 복지 회사를 만드는 것이다. 직원이 입사해서 집 걱정과 돈 걱정을 하지 않고 즐겁게 일하다가 정년 퇴임을 맞이하게 하는 것이 그가 말하는 복지다. 구체적인 예로 남녀를 불문하고 자녀를 출산하면 출산 장려금 지급하기다. 첫째와 둘째는 100만 원, 셋째는 500만 원과 24개월간 양육비 등 총 720만 원을 지급한다. 교육비 지원도 있다. 중·고등학교 자녀를 둔 직원에게 교육비 전액을 지원하는 것은 기본이며 직원의 학원비, 대학교와 대학원 등록금의 전액을 지원한다. 대학생 자녀가 있는 직원에게는 한 학기당 300만 원을 지급한다. 부산 공장에서는 사내에 피부 관리실을 운영하면서 회사의 생산성 또한 매우 증가하였다고 한다. 이렇게 천호식품의 복지시스템은 김 회장의 의지와 직원들의 아이디어를 적극적으로 수렴하는 정책 때문에 회사 발전에도 이바지하고 있다.

그의 저서 『10미터만 더 뛰어봐!』에는 파란만장한 그의 삶이 녹아 있다. 한 달 벌어 한 달을 먹고사는 직장인들에게 힘과 용기를 주는 내용이다. 인생의 밑바닥에서 그를 일으켜 세운 건 '10미터만 더 뛰어봐' 라는 마음가짐이다. 100미터를 한계로 알고 뛰어가는 사람에게 200미터를 뛰라고 하면 끝까지 완주하지 못할 것이다. 하지만 용기를 주고 응원하면서 10미터만 더 뛰라고 하면 110미터의 완주는 가능하다. 그리고 오늘 110미터를 뛰었다면 내일은 120미터도 가능하다. 그렇게 매일매일 어제보다 조금씩 10미터만 더 뛴다면 불가능했던 200미터를 완주하는 것은 시간문제다. 10미터만 더 뛰는 자세는 그래서 중요하다.

이제부터라도 10미터를 더 뛸 수 있다고 믿기만 한다면 과거는 중요치 않다. 과거에 10미터를 더 뛰지 못하고 '학습된 무기력' 에 시도조차 하지 않는 태도를 가장 경계해야 한다. 운전을 1시간 동안 했다고 했을 때 백미러를 보는 시간은 얼마나 될까? 대부분 시간은 전방을 주시하고 가끔 백미러를 살펴볼 뿐이다. 그래야 원하는 목적지에 제시간에 도착할 수 있다. 그런데 반대로 전방을 주시하는 시간보다 백미러를 보는 시간이 더 많다면 어떻게 될까? 아마 제대로 운전을 하면서 진행하기가 힘들 것이다.

마찬가지로 인생이라는 차를 운전해 가면서 백미러를 길잡이 삼는 습관은 버리는 것이 좋다. 과거의 잘못된 습관을 되풀이하면서 더 좋은 결과를 바라는 것은 잘못된 일이다. 지금까지의 직장생활에서의 실수나 실패경험은 전진을 위한 발판이라고 여겨라. 무언가 새로운 것을 시도해야 새로운 미래가 열린다. 오늘 할 수 있는 일에 집중하고 행복한 미래가 있는 전방을 주시하면서 인생의 드라이브를 즐기기 바란다. 인생의 드라이브에 어울리는 시가 있어서 하나 소개한다.

아일랜드의 축복 기도

당신을 위해 길이 솟아오르기를
항상 당신 뒤에서 바람이 불어 주기를
당신의 얼굴에 햇살이 들기를
당신의 땅을 부드럽게 적셔 주는 비가 내리기를
우리가 다시 만날 때까지
부드러운 신의 손이 당신을 잡아 주기를

아무리 돈이 많고 행복해 보이는 사람들도 제각기 문제를 안고 산다는 것을 우리는 알고 있다. 각자 안고 있는 삶의 문제들로 인해 실망도 하고 좌절도 하지만 인생은 항상 살만한 가치가 있고 언제나 무엇인가에 감사해야 할 일이 분명히 있다. 김영식 회장이 자살을 시도했을 때 전화를 한 세무서 직원의 멘트는 너무 냉정하긴 했지만, 오히려 그 전화가 그를 살렸다고 해도 과언은 아니다. 그에게 오기를 발동시켜 다시 사업을 시작하게 하였기 때문이다. 궁극적으로 우리의 인생을 결정하는 것은 주변의 환경이 아니라 내 생각과 내가 내린 선택들이다. 영웅이 될 것인가 패배자가 될 것인가는 전적으로 나에게 달렸다.

영웅이란 밥벌이를 책임지는 사람이다. 나 자신의 밥벌이를 책임질 수 있으면 스스로의 영웅이고, 가족의 밥벌이를 책임지고 있으면 가족의 영웅이고, 직원들의 밥벌이를 책임지고 있다면 회사의 영웅이다. 우리 모두 공부를 통해서 영웅이 될 수 있다. 김영식 회장은 영웅이며 실행력의 대가인데 그의 명함 뒤에는 다음과 같은 문구가 새겨져 있다. '생각하면 행동으로! 지금, 당장, 즉시!' 우리 안에는 이미 변화를 일으킬 수 있는 능력이 충분히 있다. 승리는 시작과 함께 출발한다. 공부로 나를 일으켜 세워 승리하자. 지금, 당장, 즉시!

03
공부로 시작되는 자기혁명

혁명이란 이전의 관습이나 제도, 방식 따위를 단번에 깨뜨리고 질적으로 새로운 것을 급격하게 세우는 일을 말한다. 우리는 스스로 혁명가가 될 때 온전한 삶의 주인이 될 수 있다. 시골의사로 유명한 박경철 원장은 '혼자 내딛는 천 걸음보다 천 명이 손잡고 나아가는 한 걸음의 가치'를 말하면서 사회 각 분야에서 종횡무진 활동 중이다. 그는 의과대학 시절 호기심으로 경제학을 접하고 공부를 했다.

그의 공부는 취미 수준의 공부가 아닌 연구수준의 공부였다. 취미로 하는 공부였다면 그가 감히 외과 의사이면서 경제전문가로 불리기는 힘들었을 것이다. 그는 경제학을 공부하면서 성과를 내고 몰입하기 위해서 버리는 선택을 했다. 그에게 있어 달콤한 것들을 버리는 선택이었다. 그래서 그는 술과 담배와 골프를 버리고 경제공부를 실천해 경제전문가가 되었다.

그는 '시간이 없다'는 말은 위선이라고 말한다. 하루 24시간은 모두에게 똑같다. 다만 포기해야 할 무언가를 포기하지 않기 때문에 핑계를 대는 것이다. 이루고자 하는 간절한 꿈이 있다면 잠을 줄이거나 여가와 자투리 시간을 생산적인 시간으로 만들어야 한다. 직장인 신분인 나도 새벽 5시에 기상하여 출근 전 2시간 동안 책 쓰기에 집중한다. 책 쓰기는 나에게 있어 혁명이다. 책 쓰기를 통해서 삶의 많은 부분이 함께 변화하고 있기 때문이다.

직장인이 책을 써야 하는 이유를 '한국책쓰기코칭협회'의 김태광 작가는 5가지로 설명한다. 첫째, 책은 최고의 자기소개서이다. 둘째, 사회적 영향력이 크다. 셋째, 전문가의 자격증이다. 넷째, 미래가 달라진다. 다섯째, 사회에 공헌하는 일이다. 그의 말처럼 책에 자기 생각과 철학을 담아낸다면 책은 최고의 자기소개서가 된다. 또한, 성공한 책들은 사회적 영향력을 발휘해서 사회에 변화를 주기도 한다. 저서 한 권은 전문가의 자격증 하나와도 같다. 그리고 그 저서 한 권씩이 쌓이면 미래가 달라진다. 마지막으로 혼신을 기울여서 탄생시킨 책은 사회에 공헌하는 일이 된다.

박경철 원장은 베스트셀러 작가로도 유명하다. 그의 책으로는 『시골의사의 부자 경제학』, 『시골의사의 주식투자란 무엇인가』, 『시골의사의 아름다운 동행』, 『시골의사 박경철의 자기혁명』 등 시골의사 시리즈와 최근 베스트셀러가 된 『문명의 배꼽 그리스』가 있다. 그는 특별히 책 쓰기를 배우지는 않지만 무엇을 공부하고자 하면 연구수준으로 몰입하고 책을 많이 읽는다. 병원에도 서재가 있고 안동 집에도 서재가 있다. 병원의 서재에는 철학과 문학책이 많다. 왜냐하면, 실용적인 생각을 하게 되는 병원에서 그런 책들을 읽으면 다른 생각을 할 수 있기 때문이다. 안동 집에는 그가 30세 이후부터 보아온 책들이 분야를 가리지 않고 있다. 잡지도 섞여 있다. 서울 집필실에 있는 서재에는 현재 하는 일들에 도움이 되는 경제학, 사회학 책들이 주류를 이룬다.

언젠가 TV에서 그의 일상을 취재한 영상을 본 적이 있는데 수많은 책이 정리된 서재를 보고 깜짝 놀랐다. 안동 집에 있는 책들만 해도 어마어마한 분량이었는데 과연 그 책들을 다 읽었을까 하는 의구심도 들었다. 하지만 그의 저서를 읽고 그의 대화를 듣게 된다면 그런 의구심은 말끔하게 사라진다. 그는 습習의 중요성에 대해서 언급하기도 했다. 학교에서 선생님에게 배우는 과정은 학學의 과정이라고 하면, 학교를 나와 배운 것을 스스로 연습하고 익히는 습習이 병행되어야 한다는 것이다. 그래야 우리는 원하는 곳으로 날아갈 수 있다. 습習이라는 글자에 날개가 있는 이유다. 그는 이런 학습을 위한 공간이 서재이며, 책 한 권 한 권을 스승으로 여긴다. 철학자 데카르트는 "주어진 운명을 따르기보다 자신의 한계를 극복하기 위해 노력하며, 세상을 바꾸려는 노력 이전에 자신의 그릇된 욕망을 다스리는 데 주력하라."고 말했다. 여기 주어진 운명을 거슬러 혁명을 일으킨 위대한 식물의 이야기를 담은 시가 있어 하나 소개한다. 시인의 관점은 정말 대단하고 존경스럽다.

담쟁이 – 도종환

저것은 벽
어쩔 수 없는 벽이라고 우리가 느낄 때

그때
담쟁이는 말없이 그 벽을 오른다

물 한 방울 없고 씨앗 한 톨 살아남을 수 없는
저것은 절망의 벽이라고 말할 때
담쟁이가 서두르지 않고 앞으로 나아간다

한 뼘이라도 꼭 여럿이 함께 손을 잡고 올라간다
푸르게 절망을 다 덮을 때까지
바로 그 절망을 잡고 놓지 않는다

저것은 넘을 수 없는 벽이라고 고개를 떨구고 있을 때
담쟁이 잎 하나는 담쟁이 잎 수천 개를 이끌고
결국 그 벽을 넘는다

이것은 혁명이다. 정말 담쟁이는 혁명 그 자체다. 객관적으로 한계라
고 볼 수 있는 상황에서도 말없이 벽을 오르는 담쟁이. 서두르지 않고 앞

으로 나아가는 모습은 우리가 배워야 할 삶의 자세이다. 이 자세를 배워서 혁명을 일으킨다면 우리는 한계인 벽을 넘어서 혁명을 일으키고 신세계를 경험할 수 있다.

안철수는 "고민만 하지 말고 주말이나 일주일에 하루 저녁 시간을 내서 그 시간에 하고 싶은 일을 시도해봐라. 자기가 뭘 하고 싶은지 모르겠다면 그 시간을 이용해 시도해봐라. 고민하는 건 좋은데 고민만 하면서 계속 세월을 1년, 2년 보내는 것은 아니라고 생각한다."고 말했다. 직장생활 10년 차에 중요한 것은 퇴근 후 술잔을 비우며 의리를 크게 외치는 것보다는 독서와 사색을 통해서 내면을 들여다보는 것이다. 그런 시간을 통해서 나 자신을 관찰하고 방향을 바로 잡으면서 간다면 자기 삶의 주인으로 인생을 살 수 있다.

파스칼은 "습관은 제2의 천성으로 제1의 천성을 파괴한다."라고 말했다. 지금까지 인생을 살면서, 직장생활을 10년 이상 하면서 나에게 굳어진 습관은 무엇인지 한 번 생각해보라. 진심으로 좋아하는 일을 찾았고 자신을 감동하게 하는 습관을 지니고 있다면 행복한 삶이다. 아직 그런 일과 습관이 없다면 이제부터 찾으면 된다. 혁명은 언제나 우리를 기다린다.

04
공부로
이기는 습관 장착하기

연 수익 5억 원이 넘는 화려한 삶을 살다가 어느 날 누명을 쓰고 실형을 선고받은 사람이 있다. 수인번호 2042와 함께 구치소로 들어간 그는 죽음을 생각했다. 하지만 그의 결백함을 끝까지 믿어 준 아내(당시 여자친구)의 힘으로 견뎌낼 수 있었다.

사건은 2005년에 발생했다. 대형 PC방 사업을 시작한 그는 가맹점을 점점 확대하면서 전국을 누볐다. 자신도 잘 나간다고 여기고 마치 자신이 돈을 찍어내는 기계가 된 기분이었다. 그러던 어느 날 서울의 한 가맹점에서 술자리 모임을 함께 하게 되었는데 그 자리에 아르바이트 여학생도 있었다. 모임이 끝나갈 무렵 여학생과 단둘이 남은 그는 망설임 끝에 장소를 옮겨 그녀와 함께하게 되었다. 과도한 음주로 인해 둘 사이에는 아무 일도 없었지만, 그녀는 그를 강간치상으로 고소했다.

화려한 삶을 살던 그의 불행은 이 사건으로부터 시작되었다. 세 시간 동안 여섯 번 강간을 당했다는 그녀의 주장은 매스컴을 타면서 전국으로 퍼졌다. PC방 사업을 하는 사업가인 동시에 연예인이기도 한 그에게는 너무 수치스럽고 치명적인 보도였다. 수차례 합의 압박을 받기도 했지만 결백했던 그는 한사코 거부하며 무죄를 주장했다. 그러나 재판부는 2005년 9월 1심에서 2년 6개월의 실형을 선고했다.

하지만 2심에서 극적으로 진실이 밝혀지며 무죄가 선고됐다. 강간을 당해 사건 후 며칠간 누워 있었다던 그녀가 서울 시내를 누비면서 쇼핑을 했고 이름도 나이도 다르다는 사실이 밝혀진 것이다. 그녀의 부모는 캐나다에 투자이민을 갔다 망했고 이혼을 했다. 그녀는 대학 휴학생이 아니고 고교 중퇴생이었다. 그렇게 그는 2006년 6월 8일, 서울고등법원에서 무죄 선고를 받았다. 그리고 2006년 11월 24일, 대법원에서도 무죄 선고가 났다.

하나의 불행이 조금씩 아물기 시작할 무렵 그는 욕심을 냈다. 바닥까지 떨어진 자신을 투자로 구해보고 싶었다. 회복의 시간을 단축하기 위한 처절한 몸부림이었다. 아파트로 담보 받은 돈과 지인들에게 빌린 돈을 포함하여 30억 원을 M&A 관련 기업에 투자했다가 그 기업이 상장 폐지되면서 30억 원을 허공으로 날려버렸다. 여기서 끝난 것이 아니다. 2007년 12월에는 녹화 도중 갑자기 세트장이 무너지면서 3, 4번 척추가 부러지고 왼쪽 발뒤꿈치뼈가 27조각으로 산산조각 났다. 그로 인해 6개월간 병원에서 꼼짝없이 환자로 지내게 되었다.

구치소와 파산 그리고 현장 사고 등 연속된 고난을 경험한 위 이야기의 주인공은 방송인 권영찬 씨다. 지금은 언제 그런 일이 있었느냐는 듯이 다양한 공중파와 쇼, 오락 프로그램에서 고정 MC와 게스트로도 활동하고 행복전도사와 재테크 강사로도 활동하고 있다. 그는 죽지 않고 버텼기 때문에 길이 열렸다고 했지만 사실 그는 연속되는 고난과 불행을 통해서 삶에서 중요한 것을 깨달으며 다음과 같이 말했다. "갑자기 닥친 불행을 이겨내고 행복을 만들 수 있는 건 결국 본인이에요. 제 삶만큼 확실한 증거가 어딨습니까. 사람들이 따뜻한 마음으로 주변을 보고 나누며 살았으면 좋겠어요. 쓸데없는 돈 쓸 거 조금만 줄이면 죽어가는 아픈 이웃들을 살릴 수 있습니다."

권씨가 먼저 주목한 이웃은 동료 연예인들이다. 경쟁이 치열한 연예계에서 80% 정도는 연명조차 하기 힘든 게 현실이라고 한다. 1년에 두 차례 봄과 가을 개편 시즌이 되면 방송인들은 민감해진다. 갑자기 잘려 실업자가 될 수도 있기 때문이다. 같이 입사한 동기라고 하더라도 누구는 1년에 몇억씩 버는 반면에 누구는 불러주는 프로그램이 없어서 남들이 알아보지 못하게 모자를 푹 눌러 쓰고 대리운전까지 하는 것이 현실이라고 한다. 인기의 상실에서 오는 불안감과 우울증 그리고 경쟁구도에서 오는 스트레스로 인해 일부 연예인들은 자살 충동을 느끼기도 한다.

그래서일까 본인 자신도 힘든 시간을 경험하고 재기를 위해 누구보다 눈물과 땀을 흘린 권 씨는 연예인의 자살을 막는 전문 카운슬러가 되고자 다시 공부를 시작해서 화제가 되기도 했다. 2013년 2월, 연세대 연합

신학대학원의 상담코칭학과에 입학을 했다. 이곳은 상담학, 심리학, 목회신학 등의 융합학문을 가르치는 곳으로 상담학 교육과정에서 명문으로 꼽힌다. 입학하기조차 힘들기로 유명한데 연예인 최초로 권씨가 당당하게 합격하면서 각종 포털사이트에서 검색순위에 오르기도 했다. 그가 달라 보이는 이유는 연예인이라는 이유로 쉽게 다른 대학의 대학원에 갈 수 있었음에도 객관적으로 실력을 검증받아 입학했기 때문이다.

그는 공부, 방송, 강연 그리고 봉사까지 1인 4역을 하고 있다. 공부를 시작하기 전에는 그나마 조금 여유가 있었지만, 지금은 개인 시간이 거의 없다시피 하다. 마흔 중반이 넘은 나이에 대학원에 도전해서 공부하는 지금 한 분야에서 석·박사 통합과정을 이수하기가 정말 힘들고 피눈물 나는 과정이라고 말하기도 했다. 그는 30대 초반에 언론대학원에 진학할 계획을 하고 있었지만 살다 보니 이런저런 이유로 늦어졌고, 운명과도 같이 40대 중반에 다른 대학원에 진학하게 되었다. 그는 늦으면 늦은 만큼 이유가 있는 것이고 그래서 더욱 절실하고 애절하게 공부에 집중할 수 있다고 했다. 상담코칭학이라는 학문은 20대 후반과 30대가 모르는 40대만의 인생 노하우가 있어서 장점이 되기도 한다고 그는 생각한다.

짧은 동화 긴 생각 – 이규경

어떤 이가 작은 습관을 만들었다.
그는 그것을 늘 끌고 다녔다.

그 습관이 자라서 큰 습관이 되었다.
지금 그는 그 큰 습관에 끌려다닌다.

공부는 그에게 새로운 꿈과 목표를 안겨 주었고, 그는 누구보다 바쁜 와중에도 시간을 만들어서 공부하고 있고, 공부는 습관이 되었다. '늦었다고 생각할 때가 가장 빠른 때다.' 라는 말이 있다. 이 말이 정말 맞는 말인지 갸우뚱 한 적은 누구나 한 번씩 있을 것이다. 하지만 늦었다고 생각할 때라도 생각에서 끝나지 않고 실행력으로 추진한다면 그것은 가장 빠른 순간으로 변해버린다. '사람은 평생 공부를 해야 한다.' 는 진리를 권 씨의 사례를 통해서도 충분히 깨달을 수 있다. 만약 그가 공부하는 삶을 선택하지 않고 공부를 통해서 큰 목표를 설정하지 않았다면 고난 3종 세트를 극복한 후 잠깐 일어설 수는 있었겠지만 튼튼한 뿌리를 내리기는 힘들었을 것이다.

그는 처음 개그맨으로 시작해서 사업가 그리고 마케팅 전문가와 행복 재테크 전문가로 끊임없이 변화를 시도하면서 살고 있다. 그는 강연에서 변화하고자 하는 마음이 중요하다고 말한다. 똑같은 상황에서도 '마흔 중반이 되어서 공부하니 너무 힘들다.' 가 아니라 '마흔 중반이 넘어서도 대학원에서 공부할 수 있구나.' 라는 긍정적인 마음으로 변화를 받아들이라고 이야기 한다. '세 번 죽어봤더니, 이제 살만하다.' 라고 말하는 그가 지금까지의 인생을 통해서 얻은 깨달음은 '불행은 끝이 아니라 행복의 시작이다!' 라는 것이다.

그는 공부로 이기는 습관을 장착하면서 하루하루 감사하며 열정적으로 살고 있다. 꿈은 실패를 먹으면서 조금씩 자란다. 인생에서 잠시 실패했다고 좌절하지 말고 공부하자.

05
공부하는 곳에
운이 있다

사회적으로 큰 성공을 거두었거나 큰 업적을 남긴 사람들은 "운이 좋았습니다."라고 겸손하게 말하곤 한다. 반대로 실패한 사람들은 "운이 나빴습니다."라고 핑계를 댄다. 운이 좋은 사람들은 정말 '운' 만 좋았을까? 운이 좋은 사람들의 공통적인 특징은 인생을 배움의 여정으로 생각한다는 것이다. 열악한 환경에도 성공한 사람들은 대부분 학습 능력이 뛰어나다. 그들은 불행이 닥쳤을 때도 "왜 내게 이런 일이 생긴 것일까?"라고 원망하기보다는 "이 일을 통해서 내가 배워야 할 교훈은 과연 무엇인가?"라는 질문을 던질 줄 아는 사람들이다.

성공이란 – 랄프 왈도 에머슨

자주 많이 웃는 것

지성인들의 존경심과 아이들의 사랑을 받는 것

정직한 비평에 감사하고, 배반한 친구들을 참아 주는 것

아름다운 것이 무엇인지 알고

다른 사람의 좋은 점을 찾아내는 것

건강한 아이, 작은 정원, 더 나은 사회 환경과 같이

세상을 좀 더 나은 것으로 남기는 것

우리의 삶이 한 생명이라도 편안하게

숨 쉬는 데 도움이 되었다는 사실을 아는 것

이것이 바로 성공.

에머슨의 시처럼 세상을 좀 더 나은 것으로 만들기 위해서 우리는 각자 성공해야 한다. 그런 성공의 크기는 크면 클수록 좋다. 그러기 위해서 우리는 각자 자기의 일을 잘해야 할 필요가 있다. 논어에는 "자기의 일을 잘하려면 먼저 자기의 연장을 잘 닦아야 한다."는 말이 있다. 자기의 연장을 닦는 방법이 바로 공부인 것이다. 사실 공부의 본질은 연장을 갈고 닦으면서 내면에 잠들어 있는 잠재력을 깨우고 겸손한 인성을 유지하도록 하는 것이다.

경영학의 아버지라 불리는 미국의 피터 드러커는 "기업의 목적이 부의 창출일 뿐만 아니라 사회적 기여라는 것을 일본의 시부사와 에이치에

게서 배웠다."라고 했다. 그가 칭찬을 아끼지 않은 시부사와 에이치는 『논어』를 항상 곁에 두고 해답을 찾았다고 한다.

시부사와 에이치는 당시 누구보다 바쁜 기업가의 삶을 살았지만 『논어』 공부만큼은 게을리하지 않았다. 『논어』를 반복하면서 공부한 그는 지혜가 깊어지면서 『논어』에서 깨달은 것들을 일상과 일에 접목할 수 있게 되었고 다른 기업들로부터 존경받는 기업가로 남게 되었다. 우리의 인생에서도 시부사와 에이치의 『논어』와 같은 책이 한 권쯤 있다면 정말 행복할 것이다. 반복해서 읽고 공부하면서 미래를 보는 안목을 키워주고 방향을 잡아줄 수 있는 책이 있다면 우리 인생은 분명히 달라진다.

공부의 본질은 정답을 알게 하는 것이 아니다. 공부의 본질은 바로 '희망'을 깨닫게 하는 것이다. 세상은 정말 배울 것이 많은 학교이다. 그리고 희망으로 가득 차 있다. 하지만 공부하지 않으면 그 희망을 볼 수 있는 능력을 키울 수 없다. 세상이라는 학교는 언제나 배우려는 자세를 가진 사람들에게만 행운의 크기를 키워준다. 행운은 우리가 먼저 변하고 움직일 때 다가온다. 그렇게 만들어진 행운은 누구도 함부로 할 수 없는 고귀한 나만의 인생을 만들어준다.

어떤 분야에서 상위 1%가 되기 위해서는 최소한 10년의 노력이 필요하며, 0.1%가 되기 위해서는 15년의 노력이 필요하다고 한다. 공부를 통해 운을 상승시키기 위해서는 서두르지 않고 기다리는 지혜가 있어야 한다. 운을 끌어들이는 변화의 시작은 내가 좋아하는 공부에서 시작된다는 신념을 지녀라. 그러한 신념은 내면의 잠재력을 깨워서 내 안의 더 큰 나를 만나게 해준다. 그것은 실로 놀라운 경험이다. 공부를 통해서 진정한 나를 만나고 사랑한다면 운은 언제나 당신 편이다.

아주캐피탈의 김형준 차장은 직장인이면서 대학강사 그리고 작가 등 세 개의 직업을 가지고 있다. 2001년 아주캐피탈에 입사한 그는 2011년 모교인 청주대 법학과에서 '중고차 매매에 관한 법적 연구'라는 주제의 논문으로 박사학위를 받았다. 법학박사인 그는 우연히 의료관계법규에 관한 강의를 하게 되었는데 학생들에게 조금이라도 도움을 주고자 직접 교재를 집필하겠다는 결심을 했다. 그렇게 2012년부터 시작된 집필활동을 통해서 모두 일곱 권의 책이 탄생했다. 김 차장은 "제가 쓴 책으로 강의하면 좀 더 효율적이지 않겠냐는 생각에서 시작했습니다."라고 겸손하게 말했지만 실제로 그는 업무 이외의 개인적인 약속은 최대한 줄이고 퇴근 후 바로 집으로 달려가 새벽 1시까지 책 쓰기에 몰두했다.

김 차장은 입사 7년 차에 박사과정에 도전했고 업무 경험과 지식을 잘 살려서 논문 또한 성공적으로 통과시켰다. 업무와 병행하면서 대학원에 진학해 박사학위를 받는 직장인은 주변에서 쉽게 찾아볼 수 있다. 그렇게 박사가 되어 단순하게 연봉을 상승시키는 전략을 구사한 이들은 위대해 보이지 않는다. 김 차장이 그런 이들과 달리 영리하고 위대해 보이는 이유는 박사학위를 받은 이후 집필을 해서 저자가 되고 본인이 쓴 책으로 강의까지 하는 선순환 구조를 만들었기 때문이다.

그는 공부를 통해서 운을 계속 확장한 가장 모범적인 사례다. 입사 7년 만에 공부에 다시 도전하면서 그의 운은 다시 상승하기 시작했다. "전공을 살려 지식을 나누는 일이 매우 즐거워 힘든 줄 몰랐다."고 그는 말했다. 그를 지치지 않고 쉬지 않게 만든 건 그가 가르치는 학생들에 대한 열정이었다. 그 열정이 그를 집필까지 하게 만들었고 작가라는 직업도 선사했다.

70년 가까이 연극과 교육분야에 종사해온 텍사스 출신의 예술가 겸 교육자인 폴 베이커 교수는 "내가 아는 사람 중 많은 이가 고등학교때 죽은 거나 마찬가집니다. 그때와 똑같은 생각, 똑같은 가치관, 똑같은 답, 똑같은 감성과 시각을 그대로 가지고 있습니다. 사실상은 전혀 변하지 않았습니다."라고 말했다. 이 말은 대한민국에 사는 우리에게도 똑같이 적용되는 말이라고 생각한다. 고등학생때까지 대학입시를 위해서 치열하게 공부를 하다가 대학에 입학하면 폭주하던 기관차가 선로를 이탈해서 멈추듯이 공부하던 레일에서 벗어나 음주와 가무를 위한 레일로 대부분 환승을 한다.

삶에 깊이를 더해주는 공부가 없이 반복되는 일상은 편안함과 달콤함에 빠져들게 만들고 운을 고립시킨다. 좋은 운은 공기가 순환하듯이 흐름이 있어야 하는데 현실에 안주하고 싶어하는 마음이 강해질수록 고립감이 커지고 운 또한 활기를 찾지 못하고 가라앉게 한다. 운을 꾸준히 증대시키기 위해서는 호흡이 긴 공부를 해야 한다. 토익 공부, 자격증 공부 등은 일정 목표에 도달하면 맥이 끊기는 호흡이 짧은 공부다. 이런 공부보다는 각자 머리와 가슴을 자극하고 인생의 성장에 도움이 되는 공부를 찾아 운을 극대화 시키길 진심으로 바란다.

06
공부는 세상에서
가장 공평한 게임이다

학창 시절을 떠올리면 옷 잘 입고 용돈 많이 받아서 다니는 친구들이 그렇게 부러울 수가 없었다. 비싼 브랜드의 청바지와 운동화를 가진 친구들은 공부를 잘하는 친구들보다 선망의 대상이었다. 부자 부모를 만난 덕분에 쉽게 그런 것들을 취할 수 있었던 친구들이 있었던 반면에 어떤 친구들은 용돈을 몇 달씩 모아서 청바지 하나를 사기도 했다. 나도 후자에 속한다. 고등학교 시절 리바이스 501을 사기 위해서 6개월 정도 용돈을 모아 구매한 경험이 있다. 그 청바지를 사러 가던 날에도 차비를 아껴보려고 다섯 정거장이나 걸어서 매장에 갔다. 그러면서 살짝 세상에 대한 원망이 들기도 했다. 불공평한 세상이 불만스러웠다.

하지만 지금은 세상에서 가장 공평한 것은 시간이고 공부라는 것을 깨달으며 살고 있다. 시간은 누구에게나 똑같이 하루 24시간이 주어지며 공평하다는 말은 정말 많이 듣게 된다. 대기업 회장이든 말단 사원이든 시간은 똑같이 주어진다. 회장님이라고 하루를 48시간, 72시간 더 많이 가질 수는 없는 노릇이다. 그것이 불공평한 세상에 선물하는 시간의 매력이기도 하다. 공부 또한 그런 매력을 지닌 소중한 도구라는 것을 대학을 졸업한 뒤에 알게 되었다.

험난함이 내 삶의 거름이 되어 – 이정하

기쁨이라는 것은 언제나 잠시뿐, 돌아서고 나면
험난한 구비가 다시 펼쳐져 있는 이 인생의 길.
삶이 막막함으로 다가와 주체할 수 없이 울적할 때
세상의 중심에서 밀려나 구석에 서 있는 것 같은 느낌이 들 때
자신의 존재가 한낱 가랑잎처럼 힘없이 팔랑거릴 때
그러나 그런 때일수록 나는 더욱 소망한다.
그것들이 내 삶의 거름이 되어
화사한 꽃밭을 일구어낼 수 있기를.
나중에 알찬 열매만 맺을 수만 있다면
지금 당장 꽃이 아니라고 슬퍼할 이유가 없지 않은가.

공부는 정말 삶이 막막하고 주체할 수 없이 울적하고 우울할 때 더욱

빛을 발한다. 그런 공부는 더욱 맛있는 열매가 된다. 지금 당장 나 자신이 꽃이 아니라고 슬퍼할 이유는 전혀 없다. 험난한 내 삶에 공부라는 거름을 꾸준히 준다면 공부는 꽃과 열매를 부족하지 않게 안겨 줄 것이기 때문이다.

1톤 트럭을 몰고 다니며 고물을 사고파는 고물장수 김창남 씨는 『고물장수로 12억 벌기』라는 책을 통해서 자기계발과 공부의 필요성에 대해서 말했다. 그는 일찍이 고물상은 절대로 망하지 않는다고 하는 통념과도 같은 사실이 시대가 변하면서 깨지고 있음을 지각하고 생존을 위해서 책을 들었다. 취미 수준의 독서가 아니라 생존 독서를 시작한 것이다. 그는 한 달에 기본적으로 4~5권을 읽어야 잠재력을 강화할 수 있다고 말한다.

그는 한 때 직장을 20번이나 넘게 옮겼다. 그리고 연애에서는 35번이나 고배를 마셨다. 그렇게 실패자로 지냈던 그는 고물장수라는 직업을 가지고 있으면서도 생존 독서를 통해 지식근로자로 전환해서 지금은 남부럽지 않은 삶을 살고 있다. 실적이 좋을 때에는 한 달에 천만 원도 넘게 번다고 하니 평범한 직장인의 월급보다는 확실히 많은 소득이다.

그는 아침형 인간이 아니라 새벽형 인간이다. 그의 기상 시간은 새벽 4시 30분이며 장사의 시작은 5시부터다. 보통의 고물장수들이 8시쯤부터 일과를 시작하는 것에 비하면 3시간이나 빠르다. 이런 빠른 움직임은 당연히 수입으로 이어지고 있다. 그는 부지런하게 일을 하는 것 이상으로 부지런하게 자기계발을 하는 것으로도 유명하다. 어느 날 그는 자신이 하루의 시간을 어떻게 사용하는지 지켜보기 위해서 시간을 기록했는데 그 결과 불필요한 시간 낭비를 발견했다. 그리고 내린 결론은 "고물장수도 책을 읽어야 한다."였다.

생존 독서를 통해서 독서가 습관이 된 그는 일이 없는 휴일에는 하루 6~7권 정도의 책을 소화한다고 한다. 즐겨 읽는 장르는 경제, 경영, 자기계발, 마케팅, 미래학 등이다. 이런 독서량과 장르 취향은 여느 대기업의 CEO라도 쉽게 따라오기 힘들 것이다. 정말 대단하다.

고물장수라는 직업은 남들이 동경하는 직업이 아닐지도 모른다. 하지만 누군가에게 존경을 받게 하는 것은 그 사람의 직업이 아니라 그가 맡은 자리에서 열정을 다하면서 인생이라는 항해를 즐기고 있느냐 하는 삶의 태도다. 그런 면에서 그는 존경스럽다.

30대를 지나면서도 세상을 탓하기만 하고 공부를 통해서 성장과 성공의 기회를 만들 수 있다는 사실을 깨닫지 못한다면 평생 우울한 현실에서 벗어날 수 없다. 출근해서 근무하는 시간은 우리가 어떻게 하기 힘든 시간이다. 하지만 출근하기 전 새벽 시간과 퇴근 후 저녁 시간은 온전히 우리가 마음먹기에 따라서 조절할 수 있는 시간이다. 이 시간들을 어떻게 사용하느냐에 따라서 인생이 달라진다.

세상은 공평하지 않다고 생각하면서 입으로만 "성공하고 싶다.", "행복하게 살고 싶다."고 외친다면 결코 그렇게 살 수 없다. 성공적인 삶과 행복한 삶을 살고 싶다면 세상에 대한 불평불만부터 버려야 한다. 그리고 내가 가진 생각들과 내가 행한 행동으로 인해서 내 인생이 변하고 그럼으로써 세상이 변할 수 있다는 사실을 깨달아야 한다.

인생을 바꾸고 세상을 바꾸는 것은 그렇게 거창한 것이 아니다. 알고 보면 아주 작은 것들로부터 시작된다. 출근길 지옥철이 싫다면 평소보다 30분 정도만 일찍 집을 나서보라. 지옥철에 시달릴 필요가 없을 것이다. 오히려 넉넉한 자리에 기분 좋게 하루를 시작할 수 있게 된다. 그리고 그 시간대에 출근하는 사람들을 잘 관찰해보라고 말하고 싶다.

30분 정도 일찍 움직이는 사람들은 분명히 지옥철에서 만나는 사람들과 다른 행동을 취하고 있을 것이다. 표정도 보다 밝을 것이고, 스마트폰 보다는 책을 보고 있는 사람이 더욱 많을 것이다. 철학자 세네카는 이렇게 말했다. "앞질러 가는 사람이 자꾸 눈에 뜨일 때는 뒤에 오는 사람을 생각해 보라. 신에 대해서 인생에 대해서 감사하고 싶으면 당신이 지금까지 얼마나 많은 사람을 앞질러 왔는가를 생각해 보라. 아니 타인은 아무래도 좋다. 당신 자신이 과거의 당신을 앞질러 온 것이다."

푸념하는 시간을 줄이고 오늘의 나는 어제의 나보다 얼마나 앞질러 가고 있는가를 고민해야 한다. 그리고 앞질러 갈 수 있는 길은 우리 모두에게 공평하게 주어진 공부라는 도구를 사용하는 것이다. 공부는 성공과 행복을 요리할 수 있는 재료다. 소중하게 잘 사용하자.

07
안전한 삶에
꽃은 피지 않는다

    로또 1등에 당첨되면 무엇을 할 것인지 한 번쯤은 생각해봤을 것이다. 요즘은 회차마다 1등 당첨자 수가 많아서 100억 원 단위의 금액을 받기는 힘들다. 보통 10억 원 전후의 당첨금을 받게 된다. 그렇게 되면 대부분은 집사고 차사면 땡이라서 조용히 다니던 회사를 다닐 거라고 말한다. 그렇게 인생을 망치지 않고 산다면 오히려 다행이다.

    2006년에 로또 1등에 당첨된 황아무개 씨는 당첨금 18억 원 중에서 세금을 떼고 13억여 원을 받았다. 하지만 도박과 유흥비로 당첨금을 모두 탕진하고 절도 행각을 벌이다 검거되었다. 도박자금과 유흥비를 다시 마련하기 위해서 핸드폰을 상습적으로 훔치다가 덜미를 잡힌 것이다. 핸드폰 할인매장에 들어가서 최신형 스마트폰을 살 것처럼 말하고 종업원을 유인해 폰을 건네받으면 계약서를 쓰는 척하면서 달아나 버렸다. 어느 등산복 판매장에 들어가서는 점장과 친구인데 통화를 시켜달라고 하고 종업원이 본인 핸드폰으로 전화를 걸어서 바꿔주면 그대로 들고 달아나기도 했다. 이런 수법으로 135차례에 걸쳐서 모두 1억 3천만 원 상당의 핸드폰을 훔쳤다.

13억 원이라는 거금이 생겼지만, 순식간에 날려 버리고 오히려 1억 3천만 원 상당의 절도 행각을 벌인 이 사연은 어떻게 보면 정말 한심하기까지 하다. 하지만 처지를 바꿔서 내가 13억 원에 당첨이 되었다면 과연 얼마나 계획을 잘 세우고 굴려서 더 나은 삶을 영위할 수 있을지 질문을 던지게 된다. 주변의 10년 차 이상 직장인 중에서 과연 몇 명이나 금전적인 여유가 있는지 한 번 둘러보라. 아마도 목돈을 만들어 둔 동료보다는 대출에 허덕이며 한숨을 쉬는 동료가 더욱 많을 것이다.

대부분 우리가 평범한 삶이나 가난한 삶에서 벗어나지 못하는 것은 모험을 싫어하거나 두려워하고 안전한 삶만을 추구하기 때문이다. 벤저민 프랭클린은 "어떤 사람들은 25세 때 이미 죽었는데, 장례식은 75세에 치른다."라고 말했다. 그의 말처럼 우리의 아름다운 성장은 대학교를 입학하고 나서 멈춘 상태로 계속 지내다가 노년에 죽음을 맞이하는 것으로 끝날 수도 있다. 다음의 시는 삶과 죽음에 대해서 여러 가지 생각을 하게 만든다.

스며드는 것 - 안도현

꽃게가 간장 속에
반쯤 몸을 담고 엎드려 있다
등판에 간장이 울컥울컥 쏟아질 때
꽃게는 뱃속의 알을 껴안으려고
꿈틀거리다가 더 낮게
더 바닥 쪽으로 웅크렸으리라
버둥거렸으리라 버둥거리다가
어찌할 수 없어서
살 속에 스며드는 것을
한때의 어스름을
꽃게는 천천히 받아들였으리라
껍질이 먹먹해지기 전에
가만히 알들에게 말했으리라

저녁이야
불 끄고 잘 시간이야

　내 삶에 어떤 것들이 쏟아지도록 만드느냐에 따라서 하루하루가 행복
한 잠자리가 될 수도 있다. 반면에 안전하다고 생각한 온실이라는 통속
에 들어가서 아무 생각없이 지내다 보면 나에게 스며드는 것은 서서히

찾아오는 죽음이다.

영국인들은 청어 요리를 좋아하는 것으로 유명하다. 하지만 영국 근해에서는 청어가 잘 잡히기 않기 때문에 어부들은 멀리 북해까지 나가서 청어잡이를 한다. 하지만 문제는 아무리 만선을 해서 런던으로 돌아와도 대부분 청어들이 죽어버려 제값을 받기 힘들다는 것이었다. 청어를 잡는 것보다 살아있는 싱싱한 상태로 운반하는 것이 해결해야 할 숙제였다. 이에 한 어부가 방법을 생각해냈고 판매량이 많아진 그는 많은 돈을 벌었다. 그의 비결은 청어를 보관하는 수조에 바다 메기 몇 마리를 넣는 것이었다. 그것뿐이었다. 청어를 잡아먹는 바다 메기 덕분에 청어들은 살기 위해서 계속 움직였다. 몇몇 청어들은 잡아먹히기도 하지만 대부분의 청어는 싱싱하게 런던까지 도착할 수 있었다.

인류의 역사는 수많은 혹독한 시련을 슬기롭게 극복하면서 발전해 왔다. 그리고 앞으로도 그럴 것이다. 개인의 삶도 자세히 들여다보면 끊임없이 시련들이 반복된다. 시련 앞에 무릎을 꿇고 자포자기 한다면 바다 메기에 잡아먹히는 청어 신세를 면치 못할 것이다. 시련에는 도전을 자극하는 순기능도 있다. 이것을 잘 꺼내서 활용하면 우리 삶에 꽃을 피울 수 있다. 인간은 실패를 자주 경험하게 되면 아무리 노력해도 소용이 없다는 무기력이 학습된다고 한다. 이런 결론에 도달하고 자포자기하게 되는 것을 긍정심리학의 창시자인 마틴 셀리그만은 '학습된 무기력'이라고 했다. 무기력하고 소극적인 태도는 선천적인 것이 아니라 실패에 대한 학습으로 인해 만들어진다는 사실이다.

심리학자 에미 워너 교수는 하와이의 카우아이 섬에서 태어난 833명의 신생아가 성인이 될 때까지 40년간 연구를 진행했다. 이 신생아 중에서 201명은 상대적으로 불우한 환경에서 태어나고 자랐다. 하지만 그들이 성인이 되었을 때, 모두가 계속해서 불우한 환경에서 지내고 있는 것이 아니었다. 그들 중 3분의 1은 성적도 뛰어나고 리더십도 뛰어난 훌륭한 성인이 되어 있었다. 이 연구는 어린 시절의 특정한 어려움과 성인이 된 이후 겪게 되는 특정한 문제에 대한 상관관계를 찾으려고 하는 데 있었다. 하지만 결과에서와같이 아무리 어려운 환경 속에서 성장한다고 해도 극복하고 훌륭하게 성장할 수 있다는 것을 알 수 있다.

불우한 환경에서도 학습된 무기력에 사로잡히지 않고, 시련을 도전의 발판으로 삼아서 성공할 수 있다. 이렇게 역경을 극복하는 힘을 '회복 탄력성'이라고 한다.

회복 탄력성이 뛰어난 아이들의 공통점은 조건 없이 사랑을 베푸는 누군가가 최소한 한 명은 있었다는 것이다. 누군가에게 아낌없는 사랑을 베풀어야 할 나이와 위치에 있는 우리도 사실은 누군가의 사랑이 필요하지만 그래 줄 이가 없다면 자신을 스스로 아끼고 사랑해야 한다.

하루를 마감하면서 잠자리에 들 때는 비록 힘든 하루를 보냈다고 하더라도 즐거운 상상만을 하면서 기분 좋게 잠을 청하기 바란다. 그렇게 잠이 들면 기분 좋은 아침을 맞이할 수 있고 힘차게 하루를 시작할 수 있다. 공부를 통해서 하는 행복한 상상은 회복 탄력성에 도움이 된다. 우리는 모두 꽃이다. 그리고 아름다운 꽃을 피우기 위해서 이 세상에 태어났다.

08
행운의 여신은
공부와 함께한다

인텔의 전 회장인 앤드루 그로브는 1936년 9월 2일 헝가리 부다페스트에서 태어났다. 제2차 세계대전 당시 어린 시절을 보냈던 그는 유대인이었기 때문에 대학살의 위기에 처할 뻔했다. 하지만 다행히 가짜 신분증을 만들어 겨우 목숨을 구할 수 있었다. 제2차 세계대전이 막을 내리고 난 후 그는 미국으로 망명했다.

희망과 자유를 찾기 위한 망명이었으나 미국에서 그를 기다리고 있던 것은 고달픈 하루하루였다. 숙부의 아파트에서 신세를 지면서 닥치는 대로 아르바이트를 하던 그는 정말 닥치는 대로 가리지 않고 일을 했다. 그러던 어느 날 그는 자신이 정말 하고 싶은 것은 공부라는 것을 깨달았다.

공부해야 지독한 가난에서 벗어날 수 있다는 것을 직감한 것이다.

학교를 알아보던 그는 야간에 학비가 저렴한 뉴욕 시티칼리지를 선택했다. 그리고 낮에는 학비를 벌기 위해 일하고 밤에는 공부했다. 피곤하고 힘겨운 나날이 반복되었지만 그는 포기하지 않았다. 너무 피곤해 일하는 식당에서 접시를 수차례 깨먹기도 했다. 그럴 때마다 주인은 모욕적인 언사를 퍼부었지만, 그는 참아냈다.

그런 그의 노력은 엔지니어링학과 수석졸업이라는 영광으로 결실을 보았다. 공부하기로 결심한 이후부터 그는 매일 밤 잠자리에 들기 전 다음과 같은 질문을 자신에게 던졌다고 한다. '지금 내 모습은 어제보다 더 나은 모습인가? 혹시 더욱 개발해야 할 점은 있는가?'

이렇게 매일 자신을 평가하고 검증하면서 어제보다 좀 더 나은 사람이 되기 위한 자세 덕분에 그는 아무리 힘든 상황에서도 최선을 다해 버틸 수 있었다.

1960년, 그는 캘리포니아대학교에서 화학공학 박사학위를 취득하기 위해 서부로 향했다. 박사학위를 취득한 그에게 여러 곳에서 스카우트 제의가 들어왔지만, 그가 선택한 곳은 페어차일드다. 그리고 그는 그곳에서 운명적으로 인텔의 창업자인 밥 노이스와 고든 무어를 만나게 된다.

밥 노이스와 고든 무어는 그로브가 연구원으로 일하는 모습을 지켜보면서 강인하고 성실한 그의 성품에 매료되었다. 그래서 자유분방한 그들과 조화를 이루면서 함께 회사를 성장시켜 나가는데 적임자라고 생각해서 그로브를 인텔로 스카우트했다.

인텔에서 일하게 된 그로브는 자신을 스카우트해준 노이스와 무어에게 감사하며 열정과 노력을 다했다. 그 결과 마이크로칩의 용량을 2년에서 18개월로 단축하는 성과를 올렸다. 이를 바탕으로 이제는 널리 알려진 '인텔 인 사이드' 라는 브랜드를 탄생시켰다.

인텔에서 근무하면서 어느 순간 인텔의 회장을 꿈꾸던 그는 당당히 그 꿈을 실현했다. 창업주도 아니고 최대주주도 아닌 일개 연구원이던 그가 회장이 된 것이다. 그는 끊임없이 직원들과 소통하며 문제에 대해 지적해주는 모든 피드백을 격의 없이 받아들이는 통섭의 리더십을 발휘했다. 식당 종업원에서 글로벌기업의 회장이 되기까지 그의 삶은 정말 치열했지만, 그는 늘 겸손한 자세로 자신의 원칙을 지키며 오늘날의 인텔을 일군 리더다.

그는 "오직 한 가지 일에만 몰두하는 편집광만이 살아남습니다. 기업 경영에서 '자기만족'은 가장 큰 적입니다."라고 말했다. 힘든 시절 그가 몰두한 한 가지는 공부였고 그는 공부에 열정을 다했다. 세상에는 공부를 방해하는 수많은 방해요인과 방해꾼들이 있지만 그런 것들로 인해서 꿈을 저당 잡히지 말아야 한다. 진정으로 멋진 삶은 자신이 원하는 인생을 꿈꾸기만 하는 것이 아니라 꿈꾸는 대로 사는 것이다. 공부는 그런 멋진 인생을 가능하게 해주는 강력한 도구이다. 그래서 사실 공부에는 때가 없다. 공부에 필요한 것은 노력과 끈기다. 그것뿐이다.

지금에 와서 학창 시절을 뒤돌아보면 학창 시절이야말로 배우고 싶은 것을 마음껏 배울 수 있는 축복된 시간이라는 생각이 든다. 학창 시절에 행복은 절대 성적순이 아니라며 공부를 애써 멀리한 사람들이 많다. 하지만 분명한 건 행복은 성적순은 아닐지라도 성공은 성적순이라는 것이다. 공부를 잘하는 사람이 절대적으로 성공한다는 보장은 없지만, 상대적으로 성공할 확률은 남들에 비해서 높다.

내가 사장이라면 서울대를 우수한 성적으로 졸업한 사람과 지방대를 겨우 졸업한 사람 중 누구를 채용할지 한 번 생각해보면 쉽다. 회사 내에서도 근무성적이 우수한 사람과 저조한 사람 중 누구를 승진시킬지 한 번 생각해보라. 성적이 우수한 사람들이 성공의 기회를 더 많이 가질 수밖에 없다. 그리고 그런 기회를 통해서 성공의 기쁨을 누리고 축적된 사람들은 더욱 행복한 삶을 살게 된다. 이제부터라도 꾸준한 공부를 통해 회사 내에서 그리고 인생을 통틀어서 만나는 후배들에게 멋진 선배가 돼보면 어떨까.

2014년 소치 동계올림픽의 금메달리스트 이상화 선수는 대학생 대상 토크 콘서트에서 "선배처럼이 아닌 '선배보다' 라는 꿈을 가져라."라고 말했다. 그는 "슬럼프는 남이 하는 평가이다. 남의 말에 신경 쓰기보다는 나의 목표와 노력에 집중하면 극복할 수 있다. 나에겐 슬럼프가 단 한 번도 없었다."고 말하기도 했다. 맺음말에는 "운동선수는 한계를 넘어서는 게 목표라고 하지만 한계란 스스로 치는 생각의 울타리다. 진짜 한계란 존재하지 않는다는 점을 깨닫고 '생각의 금메달리스트' 가 되기 바란다." 라고 말했다.

이 기사를 접하고 선배처럼이 아닌 '선배보다' 더 큰 꿈을 가지라고 자신 있고 당당하게 말하는 그녀가 정말 멋있게 느껴졌다. 그리고 그녀가 말한 선배보다 큰 꿈을 가지라고 당당하게 말할 수 있는 선배가 되어야겠다고 다짐했다. 우리는 과연 직장 안에서 후배들에게 나를 뛰어 넘으라고 자신 있게 말을 할 수 있을까? 그리고 그들에게 헌신적으로 지원과 격려를 아끼지 않을 수 있을까?

좋아하는 시 중 하나를 소개한다. 이 시를 읽을 때마다 내 주변에 이런 사람이 과연 얼마나 있는지 그리고 내가 지인들에게 이런 사람이 되고 있는지 생각해보는 시간을 갖게 된다.

그대는 그런 사람을 가졌는가 – 함석헌

그대는 그런 사람을 가졌는가

만 리 길 나서는 길
처자를 내맡기며 맘 놓고 갈 만한 사람
그 사람을 가졌는가

온 세상이 다 나를 버려 마음이 외로울 때도
'저 맘이야' 하고 믿어지는
그 사람을 그대는 가졌는가

아리스토텔레스는 "희망은 잠들어 있지 않은 인간의 꿈이다. 꿈이 있는 한 세상은 도전해볼 만하다. 어떤 일이 있더라도 꿈을 잃지 말자. 꿈을 꾸자. 꿈은 희망을 버리지 않는 사람에게 선물로 주어진다."라고 말했다. 공부를 통해서 꿈과 희망을 버리지 않는다면 행운의 여신은 소리 없이 내 곁에서 나를 도와줄 것이다.

CHAPTER 5

공부, 상상과 현실을
이어주는 도구

01
평생공부로
성공한 공부의 달인들

자기계발에 관심이 있고 평소에 책을 조금 읽는 직장인이라면 구본형과 공병호는 친숙한 이름일 것이다. 평생공부로 성공한 공부의 달인들로 대한민국에서는 이 두 명이 가장 대표적이라고 할 수 있다.

먼저 지금은 고인이 되었지만 『익숙한 것과의 결별』로 유명한 변화경영 전문가 구본형 씨가 있다. 그는 한국IBM에서 경영혁신팀장으로 근무하다가 어느 날 문득 '나는 지금까지 살면서 무엇을 해놓았을까? 나는 누구인가?'라는 질문에 휩싸인다. 사실 이러한 질문들은 직장생활이 오래되면 누구나 한 번쯤 떠오르는 질문이지만 끝까지 물고 늘어져서 해답을 찾지는 않는다. 하지만 구 씨는 자기 자신에게 본격적으로 따져 물었고 답을 찾는 고행을 선택했다. 그렇게 해서 찾은 답이 책으로 출간된 것이다.

변화경영 전문가인 그가 말하는 핵심 메시지는 역시 '변화'이고 스스로 삶을 바꿔서 하고 싶은 것을 하라는 것이다. 그의 두 번째 책인 『낯선 곳에서의 아침』은 자신을 얽매는 곳에서 벗어나 낯선 곳으로 떠나라고 조언한다. 그래야 자신을 바꾸는 혁명을 시작할 수 있고 본격적으로 변화에 도전할 수 있기 때문이다. 구 씨는 이렇게 책을 쓰면서 스스로 변화를 몸소 실천했다. 한국IBM에서 20년 동안 몸을 담았지만 과감하게 사표를 던진 것이다.

그러면서 구 씨는 자신에게 3가지 약속을 했다. 첫째, 더 이상은 다른 사람이 시키는 일을 하지 않기. 둘째, 자신이 마음껏 쓸 수 있는 시간의 양을 늘리기. 셋째, 누군가를 돕는 삶. 이상 3가지다. 앞서 언급한 두 권의 책이 작은 발판이 되어 홀로서기의 자신감을 획득한 구 씨는 변화경영과 자기계발을 통해 메시지를 전하는 저술가이자 강연가로 세상에 등장했다.

과감하게 사표를 던지고 변화경영을 몸소 실천하면서 세상에 등장하기까지는 3년의 준비 기간이 있었다. 그는 꾸준하게 책을 써서 홀로서기를 할 수 있는지 검증하는 시간이 필요했고 아내를 설득하는 기간도 거쳤는데 그 기간이 3년이었다. 그 기간 동안 그는 새벽 4시에 일어나서 7시까지 책을 썼다. 직장생활과 병행해야 했기 때문에 잠을 줄이고 책 쓰기를 위한 시간을 스스로 만든 것이다.

구 씨의 책들은 내용이 뻔하거나 상투적이지 않다. 그것은 그의 방대한 독서량을 통해서 나온 결과물이기 때문일 것이다. 그는 인문학적인 취향을 가지고 있으며 거시적인 관점에서 새로운 주제를 끌어가는 것으로도 유명하다. 사람들이 타성에 젖기 쉬운 부분들을 소재로 선정해서 감각적인 제목과 함께 설득력 있게 글을 쓰는 것이 그의 힘이다.

저술가로서의 성공은 그에게 강연요청도 쇄도하게 하였다. 하지만 그는 강연횟수를 월 10회 정도로 제한하면서 지냈다. 그 이유는 자신과 한 약속 중 하나인 자신이 마음껏 쓸 수 있는 시간을 빼앗기고 싶지 않았기 때문이다. 그래서 그는 일주일에 3일만 일을 하고 2일은 온전하게 자신만을 위한 시간을 쓰고 남은 2일은 가족들과 함께 보내는 것을 원칙으로 삼고 실천했다.

구 씨는 "사회가 필요로 하는 중요한 작가라는 위상을 갖춰 변화경영 분야에서 적절한 조언이 가능한 작가라는 평가를 받고 싶다."라고 말했다. 그런 취지로 그는 구본형변화경영연구소를 설립해서 운영했다. 그의 연구소에서는 1년에 10명 정도의 연구원을 뽑는다. 자격조건은 자신과 세상에 애징을 가지고 지금 자신에 대한 강한 분노 그리고 창조적 증오를 한 사람이면 된다. 그리고 지금 변화할 수 있다고 믿는 사람이 유일한 자격조건이다.

직장인들의 한계는 대부분 직장에 머물면서 생계형 월급쟁이로 머문다는 것이다. 하지만 구 씨처럼 전문 저술가의 길로 들어선다면 남들과 차별화된 인생을 누릴 수도 있다. 신문과 잡지들은 항상 새로운 필자들에 목말라하고 있다. 본인의 책이 출간되고 주목할 만한 사랑을 받는다면 다양한 매체에서 취재와 인터뷰 요청이 온다. 출판사에서 먼저 원고

요청이 오기도 한다. 전문지식이 풍부하고 시각이나 분석이 독특하다면 그들의 연락을 받는 것은 시간문제다.

하지만 책이 1만 부가 팔려도 작가에게 실제로 돌아가는 인세는 1천만 원 정도이다. 요즘은 대형작가가 아닌 이상 1만 부 이상의 판매 부수를 기록하기는 힘들다. 이렇게 책을 통한 수입의 창출은 적고 불확실하므로 안정된 경제적 기반을 마련하기 위해서는 강연에도 관심을 두고 준비해야 한다. 강연의 경우 1급 강사는 시간당 100만 원 정도를 받는다. 하나의 주제로 아이템을 잘 만들어 놓으면 반복해서 사용할 수 있고 업데이트도 빠르게 가능하여서 강연은 전문 저술가에게도 매력적인 시장이다.

책 한 권을 쓰고 난 후 강연 요청을 받았을 경우 시간당 30만 원을 받기로 했다면 10회 강연에 300만 원을 벌 수 있다. 10시간에 300만 원의 수입이 창출되는 것이다. 이것은 책 3천 권이 판매되었을 경우에 받을 수 있는 인세와 비슷하다. 이렇게 책 쓰기와 강연이 톱니바퀴 돌 듯이 맞물려 돌아가는 시스템이 갖춰지면 저술과 강연을 전문으로 하는 1인 기업가로 거듭날 수 있다. 이런 대표적인 인물이 바로 구본형 씨와 공병호 씨인데 공 씨의 경우는 연구소가 아닌 자기경영아카데미를 운영한다는 점에서 구 씨와는 다른 점이 있다.

공병호라는 이름은 이제 알만한 사람은 다 아는 하나의 브랜드이다. 평생직장 개념이 사라진 이 시대에 1인 기업으로 홀로 우뚝 선 그의 모습은 선망의 대상이기도 하다. 공 씨는 다작을 하는 작가로 그의 책은 경제경영서부터 어린이를 위한 자기계발서 그리고 성경공부에 관한 것까지 장르와 대상을 가리지 않고 폭넓은 것이 특징이다. 그의 책은 대중의 눈높이에 맞게 쓰여 독서를 위해서 높은 수준이 요구되지는 않는다. 그래서 한편으로는 완성도에 대한 비난을 듣기도 하지만 그건 공 씨의 성공에 대한 질투 때문이 아닐까 하는 생각이 든다.

공 씨는 "고객들이 책을 선택했을 때 반드시 지급하는 가격보다 더 많은 가치를 얻게 하는 것. 다시 말해 값어치를 해주자는 것입니다."라고 자신의 집필 철학을 밝힌 적이 있다. 또한 "고객에게 확실히 가치를 제공하는 주제라면 어떤 종류의 책이라도 쓸 겁니다."라고 말하기도 했다. 고려대학교에서 경제학 학사학위를 취득하고 라이스대학교 대학원에서 경제학 박사학위를 취득한 공 씨는 경제 전문가답게 모든 것을 효율적으로 관리한다. 일단 원고가 완성되면 최대한 빨리 편집자에게 전달하고 나머지는 편집자의 재량에 맡기는 것이 그 한 예이다. 다른 작가들에게서는 찾기 힘든 점이다. 공 씨는 기회비용과 전문성의 측면에서 이렇게 하는 것이 더욱 효율적이기 때문에 이 방식을 고수한다. 지금까지 그가 이룬 성공으로 출판사를 직접 차려서 운영할 만도 하지만 그는 이 역시 효율성 때문에 하지 않는다고 한다. 그가 쓰는 책 대부분은 출판사의 제안을 받아서 하는 것이다.

탁월한 강연가이기도 한 그는 대중 앞에서 두 시간 정도 강연을 하고 나면 그 과정에서 청중들로부터 받은 자극을 가지고 책을 쓰기도 한다. 그는 잘 알기 때문에 책을 쓰기보다는 잘 몰라서 쓰면서 학습하고 그것이 책이 된다. 이렇게 강연하고 출간하고 강좌를 개설해서 기업처럼 다양한 수익창출 구조를 갖추면서 활발하게 활동하고 있는 전문가는 아마도 공씨가 최고일 것이다.

공 씨는 새벽 3시에 일어나서 8시까지 책을 쓴다. 그리고 낮에는 예정된 강연을 하거나 간단한 잡문을 쓴다. 독서는 몸이 피곤해지면 한다. 왜냐하면, 독서는 정신적 수동기능에서도 가능하기 때문이다. 이것 또한 효율성에서 나온 그의 하루 사용법이다. 잠자리는 보통 밤 9시경이다. 그가 좋아하는 간식은 초콜릿인데 초콜릿은 뇌에 포도당을 빨리 제공해줘서 머리가 잘 돌아가게 해주는 효율성이 좋은 간식이기 때문이다. 초콜릿은 그의 책 제목으로 쓰이기도 했으니 책 제목도 참 효율성을 바탕으로 해서 잘 지었다. 이쯤 되면 효율성은 그에게 종교 이상의 그 무엇이 아닐까 하는 생각도 든다.

조지 버나드 쇼는 "나는 완전히 쓰이고 죽고 싶다. 내가 열심히 일할수록 더 많이 사는 것이기 때문이다."라고 말했다.

직장인이었으나 깊은 고뇌와 성찰로 자신의 길을 찾은 2명을 살펴보았다. 완전히 쓰여 죽는 삶은 참으로 행복할 것이다. 버나스 쇼의 말을 음미하면서 어디에서 누구를 위해 완전히 쓰이고 싶은지 나 자신에게 물어보게 된다. "우물쭈물하다 이럴 줄 알았다."가 자신의 묘비명이 되지 않기를 바란다면 평생공부하는 시스템을 구축하기 바란다. 대한민국에는 다양한 1인 기업가들이 필요하다. 세상은 당신을 기다리고 있다.

02
잠재능력을
끌어내는 공부의 힘

잠재능력을 끌어내기 위해서는 먼저 소망하는 것이 있어야 한다. 소망은 모든 성취의 출발점이기 때문이다. 직장생활을 10년 이상 하다 보면 소망하는 것들이 점점 작아지면서 도전도 없고 실패도 없는 삶에 오히려 만족하고 지내게 된다. 하지만 내일의 풍요를 원한다면 우리는 소망하는 그 무엇을 가져야 한다. 소망하는 그 무엇이 생기면 잠재의식이 깨어나고 잠재능력을 끌어내는 마법을 부리기 시작한다. 우리는 모두 해리포터를 능가하는 마법사다.

우리가 직장생활을 하는 동안에 경험하게 되는 불만족은 잠재능력을 끌어낼 기회다. 이 세상의 발전은 삶에서 만족을 얻으면서 지낸 사람들이 만들어낸 것이 아니다. 가만히 생각해보라. 만족스러운 삶에서 무언가 개선하고 발전시킬 것을 찾아내기는 힘들다. 오히려 불만족스러운 삶에서 그것을 수정하고 싶은 소망이 생기는 것이다. 이 세상에서 이루어진 발전 대부분은 영감에 불만족을 경험한 사람들이 행동을 통해 이루어낸 결과이다.

만약 우리가 잘못된 마음가짐을 갖고 있다면 불만족을 통해서 추진된 것들은 그릇된 결과를 초래할지도 모른다. 올바른 마음가짐을 통해서 실행된 불만족이 세상에 도움이 되는 것이다. 그런 불만족을 영감에 의한 불만족이라고 부른다.

독일에 오토 프로팍이라는 사람이 있었다. 그는 은행원으로 독일에서 가장 큰 은행 중 한 곳의 중역이었다. 하지만 제2차 세계대전으로 인해 강제수용소에 갇혀 재산의 대부분을 몰수당한 그는 57세의 나이로 가족과 함께 미국으로 건너갔다. 은행업무에 관한 전문지식이 있는 그였지만 겨우 주급 32달러의 창고관리인 자리를 얻을 수 있을 뿐이었다. 오토 프로팍은 어느 날 문득 자신에게 부족한 것이 미국에서 쓰는 회계와 재정에 관한 용어들의 부족함이라는 것을 깨닫는다. 그 후 그는 시카고에 있는 라살 대학 사회교육원에 등록해서 기초 회계, 고급회계 그리고 원가계산 강좌를 수강하면서 미국인들이 쓰는 회계용어를 배웠다.

평일에도 잠들 때까지 공부하고 주말에도 공부에 전념한 그의 노력은 공부를 시작한 지 몇 달 만에 주급 32달러의 창고관리인에서 월급 200달러를 받는 회계사 보조로 탈바꿈시켰다. 공부를 통해서 독일에서 하던 직업을 미국에서 되찾은 오토 프로팍은 다시 즐겁게 일할 수 있었고 회계사 보조에서 승진을 거듭해 임원의 자리에까지 올랐다.

미국의 위대한 심리학자 윌리엄 제임스는 "한 잔씩 마시는 술이 모여서 알코올 중독자를 만드는 것처럼 하나하나의 행동과 노력하는 시간이 모여서 성자를 만들 수도 있고, 한 분야의 전문가를 만들 수도 있다."고 말했다. 간절히 원하는 무언가가 있다면 우리는 오토 프로팍처럼 우리가 가진 모든 것을 집중해서 쏟아붓고 난 후에 휴식을 취하는 습관을 들여야 한다.

등산을 좋아한다면 누구나 한 번쯤은 가보고 싶어하는 산이 있을 것이다. 그중에서 공통으로 꼽히는 산은 에베레스트가 아닐까 싶다. 해발 8,848m의 에베레스트는 1953년 뉴질랜드의 산악인 에드먼드 힐러리가 인류 최초로 등정하면서 유명해졌다. 그때 당시의 베이스캠프는 해발 3,000m 이하에 설치되었다. 정상까지는 5,000m 이상이 남은 거리였지만 1953년 이후 40년 넘게 베이스캠프의 위치는 3,000m이하를 유지했다.

하지만 베이스캠프 설치 위치에 의문을 품은 누군가가 해발 6,000m에 베이스캠프를 설치했다. 정상에 가까워진 베이스캠프 덕분에 정상정복이 훨씬 쉬워졌다. 그 이후 거의 모든 산악인은 해발 3,000m에 베이스캠프를 치던 전통을 해발 6,000m에 치는 것으로 전환했다. 이런 시도 덕분에 40년 전에는 일 년에 10명 정도 등반을 했던 반면에 지금은 일 년에 수백 명이 에베레스트를 오르고 있다.

에베레스트가 목표라면 베이스캠프는 목표를 이루게 해주는 잠재의식이다. 잠재의식이 크고 높을수록 우리는 목표에 도달하기가 쉬워진다.

심리학의 아버지라고 불리는 미국의 윌리엄 제임스는 잠재의식은 세계를 움직이는 힘이 있다고 말했다. 잠재의식은 하늘과 땅을 움직여서 원하는 것을 실현 가능하게 만들어준다. 잠재의식은 무한한 지성이며 무한한 지혜이기 때문이다. 등산할 때 가벼운 산은 베이스캠프 자체가 필요 없다. 북한산이나 관악산에서 베이스캠프를 치고 오르지 않는 것처럼 말이다.

하지만 우리 인생은 그리고 직장생활은 북한산이나 관악산이기보다는 히말라야에 가깝다. 길고 높은 여정이어서 베이스캠프가 꼭 필요하다. 그러니 현재 의식만으로 살지 말고 잠재의식을 항상 깨우면서 지내야 한다. 나는 지금 어디로 가고 있는지, 어떻게 가고 있는지를 베이스캠프 안에서 생각하는 습관을 들인다면 더욱 여유롭게 정상까지 도달할 수 있다. 정상까지 더 쉽게 도달하는 것은 베이스캠프를 3,000m가 아닌 두 배 이상 높은 6,000m에 마련하는 것이다.

베이스캠프를 두 배 이상 높은 곳에 마련할 수 있는 저력은 공부를 통해서 길러진다. 히말라야를 오르면서 행운에만 기댄다면 목숨을 잃을지도 모른다. 준비 없이 그리고 아무런 공부 없이 히말라야를 오른다는 것은 무모한 도전이다. 당신은 지금 어디쯤 올라와 있는가? 마흔 살 이전에 쌓은 학식이나 실력은 인생 초반의 성공을 보장해줄 뿐이다. 절반 이상이 남아있는 여생까지 보장해주지는 않는다. 해발 3,000m에 마련한 베이스캠프에서 생을 마감하고 싶다면 공부에 관심을 두지 않아도 괜찮다. 그렇지만 정상까지 도달하고 싶다면 베이스캠프 안에서 충분히 휴식하고 준비하면서 다시 출발해야 한다. 성공은 타고나는 것이 아니라 경험을 통해서 학습된다. 그래서 작고 사소한 것일지라도 매일매일 성공을 경험하는 것이 중요하다. 나는 매일 출퇴근 길에 지하철에서 책을 읽는다. 자리에 앉아서 읽는 것이 편하지만, 자리가 없더라도 가방은 선반 위에 올리고 선 채로 책을 읽으면서 간다. 읽다가 밑줄을 긋고 싶은 곳이 나오면 지하철이 덜컹거리더라도 신경을 쓰지 않고 그냥 긋는다. 그럴 때는 줄이 조금 울퉁불퉁하게 그어지지만, 나중에 다시 볼 때 이 부분은 지하철에서 읽은 부분이구나 그때 이런 생각이 들었었지 하면서 도움도 된다.

하루에 왕복 2시간 이상을 출퇴근 시간으로 보내다 보면 어떨 때는 책 한 권을 하루에 다 보게 되기도 한다. 그래서 책은 항상 2권을 가지고 다닌다. 읽던 책을 다 읽고 나서 바로 다른 책을 읽을 수 있도록 하기 위해서다. 출퇴근 시간에 활용하는 독서만으로도 1주일에 2~3권의 독서가 가능하다. 그렇게 매일매일 하는 독서가 나에게는 작은 성공의 경험이다. 독서를 통해서든 공부를 통해서든 뇌를 부지런하게 가동시키고 잠재의식을 깨운 사람들은 남들보다 젊고 건강하게 살 수 있다. 우리의 뇌는 사용을 하지 않게 되면 더는 할 일이 없고 죽을 때가 되었는 줄 알고 부정적인 신호를 우리 몸 구석구석에 보낸다. 그래서 멀쩡하던 사람이 갑자기 아프거나 나이보다 훨씬 늙어보이기도 한다. 하지만 반대로 뇌가 부지런하게 가동되고 있는 사람들은 긍정적인 신호가 구석구석까지 전달되어 신체 리듬도 활발하고 열정적이기 때문에 나이보다 젊게 보이기도 한다.

아인슈타인은 "모든 사람은 천재다. 하지만 물고기들을 나무타기 실력으로 평가한다면, 물고기는 평생 자신이 형편없다고 믿으며 살아갈 것이다."라고 말했다. 우리가 가진 잠재력의 크기는 무한하다. 한계는 스스로 정하는 것이다. 하지만 각자 잘하는 분야는 분명 따로 있다. 나의 천재성을 발휘할 수 있는 분야를 찾아 공부하라. 커다란 문도 결국은 작은 경첩에 의지하고 매달려 있다는 사실을 명심하라. 커다란 문이 잠재능력이라면 공부는 경첩과 같다.

03

빅픽처를
품고 공부하라

유튜브에서 '큰 고래를 그리는 아이'로 검색을 해보면 짧은 광고를 하나 볼 수 있다. 일본에서 제작된 이 광고에는 학교를 잘 다니다가 정신 병원에 갇힌 한 아이의 이야기가 나온다. 어느 초등학교의 미술 시간, 선생님은 아이들에게 "오늘은 여러분 마음속에서 생각나는 걸 그려보세요."라고 했다. 모두 형형색색의 크레파스로 예쁜 그림들을 그려내기 시작했다. 하지만 유독 한 아이는 검은색 크레파스로 도화지 하나를 온통 검은색으로 가득하게 칠했다. 아이는 그런 그림을 한 장이 아닌 수십장을 그려냈다.

알 수 없는 아이의 행동과 이해할 수 없는 그림에 대해서 걱정을 하던 선생님과 아이의 부모는 결국 아이를 정신병원에 보내버린다. 정신병원의 의사가 "뭘 그린 거니?"라고 물었을 때도 아이는 묵묵하게 계속 흰 도화지를 검은색으로 까맣게 칠할 뿐이었다. 그러던 어느 날 아이의 책상 서랍에서 퍼즐 조각을 발견할 선생님은 뭔가를 깨달았다. 그리고 정신병원의 간호사도 바닥에 널려진 수십 장의 그림들 사이에서 온통 검은색으로 칠해진 그림이 아닌 조금은 다른 그림도 있음을 발견했다.

그 후 어른들은 부랴부랴 대형 실내운동장으로 나가 아이가 그린 그림을 모두 펼쳐서 조각을 맞추기 시작했다. 아이가 그린 그림으로 퍼즐을 맞춘 결과는 정말 놀라웠다. 아이가 그린 것은 정말 엄청나게 큰 고래 그림이었던 것이다. 아이는 정신병자가 아니었다. 아이가 그린 그림에 감동을 하였다. 동시에 아이를 정신병자로 몰아간 어른들이 부끄러워지는 순간이었다. 이 광고는 아이의 잠재력을 키워주는 데는 어른들의 상상력이 필요하다는 메시지를 전하기 위해 일본광고협회가 어린이재단을 위해서 만든 광고다.

상상력은 아이들에게만 필요한 것이 절대 아니다. 상상력이란 가능하면 매일매일 필요하다.

기업들은 매년 성장엔진을 무엇으로 장착할지, 10년 후 미래는 어떨지를 고민한다. 우리는 그런 기업들을 통해서 빅픽처를 그리고 전략을 세워 나아가는 모습을 배워야 한다. 한 마디로 기업들의 빅픽처 그리기를 벤치마킹해서 내 삶에 적용해야 한다는 것이다. 기업들도 살아 숨을 쉬는 생명체가 되어 빅픽처를 그리기 위해서 고민하고 상상력을 발휘하는데 그 안에서 살아 숨을 쉬는 우리가 상상력이 없다면 회사의 성장에 도움이 되지 않는다.

스티브 잡스는 2005년 스탠퍼드 대학교 졸업식 연설에서 본인 인생의 3가지 이야기를 하겠다며 서문을 열었다. 그 첫 번째 이야기는 놀랍게도 점들의 연결에 관한 것으로 모든 일은 다 연결된다는 '점'의 중요성에 관한 이야기다. 목표와 방향성이 없다면 점은 연결되어 그림이 되지 못한다. 그래서 점을 찍는 사람에 머무르지 말고 점을 연결하는 사람이 되어야 한다. 점을 연결하기 위해서는 끈질긴 집념과 근성이 뒷받침되어야 한다.

빅픽쳐의 완성은 묘비명 작성하기다. 묘비명은 그 사람의 빅픽쳐가 무엇이었는지 말해주는 가장 확실한 지표다. 오늘 한 번 당신의 묘비명을 작성해보고 임종의 순간부터 역으로 인생을 들여다보라. 끝에서부터 지금 내가 서 있는 곳까지 나의 인생을 관찰해보는 것이다. 그렇게 해보면 언제 어느 시점에서 내가 무엇을 해야만 하는지 분명하게 깨닫게 될 것이다. 인간은 자신이 그려본 미래에 대해서만 도달할 수 있다.

에디슨의 묘비명은 "상상력, 큰 희망, 굳은 의지는 우리를 성공으로 이끌 것이다."이다. 에이브러햄 링컨의 묘비명은 "국민의, 국민에 의한, 국민을 위한 정부는 영원할 것이다."이다. 앤드루 카네기의 묘비명은 "자기보다 훌륭한 사람들을 곁에 모으는 기술을 가졌던 사람이 여기 잠들다."이다. 당신의 빅픽쳐는 무엇이고 어떤 묘비명을 원하는가?

만년과장이나 만년부장이 빅픽쳐인 직장인은 찾기 힘들다. 많은 직장인이 임원이 되고 CEO가 되는 것을 빅픽쳐로 그리면서 열심히 회사생활을 한다. 그런 자리에 오른다는 것이 하늘의 별 따기만큼 힘들다는 것을 알면서도 대부분 그런 그림을 가지고 있다. 직장생활을 흠집 없이 잘 해 나가고 있는 10년 차 직장인이라면 임원이 되는 그림의 절반은 완성 되었다고 봐도 좋다. 하지만 나머지 절반의 그림을 완성하기 위해서는 지금보다 2배 이상의 전문성과 실행력이 요구된다. 왜냐하면, 인간의 신 체가 어느 정도까지는 급속하게 성장을 하지만 일정 시간이 지나고 나면 성장판이 닫히고 성장을 멈추는 것과 같은 이치다. 헬스장에서 근육을 만들 때도 처음에는 근육이 바로바로 생기면서 커지지만 그 다음부터는 근육을 조금씩 키워나가기가 정말 고통스럽다. 마찬가지로 나이가 들수 록 그 다음 단계를 위한 도약을 위해서는 더 많은 시간과 노력이 필요하 다. 직장생활에서 점점 닫혀가는 성장판을 계속 열어두고 싶다면 전문성 을 확보해야 한다. 전문성을 확보해서 자신의 가치를 증명해야 조직을 위해 이바지할 수 있는 기회를 얻으며 지속해서 성장할 수 있다.

하버드대학교와 예일대학교의 심리학 연구결과에 따르면 자신의 꿈 을 이루고 행복한 노년을 맞이하는 이들은 전체인구의 3%에 불과하다고 한다. 그건 최상위층의 사람들은 언제나 빅픽처를 품고 단계적으로 무엇 인가를 실행해 나가지만 서민층에 있는 사람들은 6개월이나 1년 성도의 단기계획이 전부이며 그마저도 실행력의 부재로 이루지 못하면서 살고 있기 때문이다.

회사 내에서도 최상위층과 서민층이 있다. 10년 이상 회사생활을 하 다 보면 같은 입사 동기라도 어느 순간부터 층이 갈라지는 경우를 경험 했을 것이다. 한 단계씩 차근차근 올라가는 경우와 10년이 지나도 제자 리에서 변함없이 근무를 하게 되는 경우는 위에서 언급한 연구결과와 같다. 직장 내에서의 서민층들은 항상 불평불만을 늘어놓으면서 업무가 끝나면 술집이나 당구장으로 달려간다. 그들에게는 6개월의 단기계획도 없어 보인다.

반면에 조금씩 조금씩 소리 없이 꾸준히 성장하는 직원들은 불평불만을 품고 있더라도 좋은 대안을 제시할 줄 알고 업무가 끝나면 배움의 터전으로 달려간다. 그건 영어학원이 되기도 하고 음악학원이 되기도 하고 헬스장이나 수영장이 되기도 한다. 회사 내에서 성장하는 이들은 밝은 에너지를 가지고 있으면서 긍정적으로 생각할 줄 알며 부지런히 움직인다. 그들이 무언가 배움을 멈추지 않는 것은 검은색 크레파스로 뭔가를 열심히 그리는 것과 같다.

우리는 모두 빅픽처를 그릴 수 있고 크레파스도 충분히 가지고 있다. 하지만 누구는 가슴에 품은 그림이 없어 크레파스를 집어 던지면서 회사생활을 하고 누구는 크레파스를 소중히 다루며 아름다운 그림을 그려나가면서 회사생활을 한다.

스티브 잡스는 "여러분의 삶은 한정돼 있습니다. 그러니 다른 사람의 인생을 살아주느라 시간을 허비하지 마십시오. (중략) 무엇보다도, 여러분의 마음과 직감을 따라갈 용기를 가지십시오."라고 말했다. 빅픽처를 품고 마음과 직감에 따라 용기 있게 공부하라. 이런 자세가 필요한 이유는 무엇보다 이 험한 세상에서 나 자신을 믿으면서 걸어가기 위해서다. 세상 모든 일은 작은 것에서부터 시작된다. 점들이 연결되어 선이 되고, 그 선이 그림으로 완성된다면 당신이 꿈에 그리던 고래를 볼 수 있을 것이다. 그 고래를 본 순간부터 당신은 다른 사람의 인생을 위해서가 아니라 자신의 인생을 위해서 시간을 누리며 살 수 있다. 당신은 당신이 그린 그림의 결과물이다. 따라서 빅픽처를 품고 공부하면서 계속 그림을 그려야 한다.

04
공부하고
상상하면 이루어진다

얼마 전 영화 '원챈스'가 개봉하여 사랑을 받았다. 이 영화의 주인공인 폴 포츠는 핸드폰 판매원에서 세계적인 오페라 가수가 된 사람이다. 그는 2007년 영국의 유명 오디션 프로그램인 '브리튼즈 갓 탤런트'에 출전하여 환상적인 노래 실력으로 최종 우승을 차지하며 스타가 되었다.

지금은 관리를 받고 노력하여 많이 좋아진 모습을 보이지만, 처음 그가 오디션 프로그램에 나왔을 때의 모습은 심사의원들과 방청객들이 외면하기에 충분했다. 개그맨 오디션에 어울릴만한 튀어나온 배와 부러진 앞니는 시작부터 그를 힘들게 했다. 또한, 그의 자신감 없는 표정에 심사위원들은 시간이 빨리 지나길 바라는 듯이 심드렁하게 앉아 있었다.

하지만 노래가 시작되고 그의 목소리로 무대가 가득 채워지면서 심사위원들과 관객들은 모두 믿을 수 없다는 표정으로 그를 바라보기 시작했다. 그가 부른 곡은 푸치니의 오페라 〈투란도트〉의 아리아 〈공주는 잠 못이루고〉다. 노래의 중반에서부터 터져 나온 박수와 탄성은 마지막 하이라이트까지 그가 안정적으로 고음을 내뿜어 완성하자 기립박수와 환호성으로 변했다. 스타가 탄생하는 순간이었다.

이 대회에 출전하기 전, 그의 인생은 불행의 연속이었다고 해도 과언이 아니다. 어눌한 말투와 볼품없던 외모, 악성종양, 교통사고, 카드빚 등에 시달리며 하루하루를 보냈다. 그런 그를 지탱해주고 살아 숨 쉬게만들어 준 것은 노래와 음악에 대한 열정이었다. 그는 힘든 시기에도 과감하게 자신이 원하는 공부를 하기 위해 투자한 전략가이기도 했다. 2001년과 2002년 여름에는 이탈리아에 있는 오페라 스쿨의 계절 학기에 등록해 창법의 기초를 익히는 노력을 했다. 그는 외부환경이 힘들면힘들수록 더욱 자신만의 음악 세계에 몰입하며 공부하면서 지냈고 지금은 이 지구에서 가장 행복한 사람 중 한 명이 되었다.

폴 포츠는 "하루하루 최선을 다해야 한다. 성공을 낭언시하면 안 된다. 많은 사람이 성공의 기준을 '스타'가 되는 것에 두는 것 같다. 하지만 내 생각은 다르다. 스스로 좋아하는 일을 업으로 삼을 수 있는 것이성공의 기준이다."라고 말했다. 그는 자신이 좋아하는 일을 직업으로 가지고 있으며 사랑하는 아내가 있고 안정적인 경제력을 확보한 행복한 삶을 살고 있다. 그래서 그런지 그의 미소는 정말 여유롭다.

성공한 사람들의 공통점은 어떤 상황에서도 하고 싶은 일에 대한 열정과 그것에 대한 공부에 있다. 열정이란 단어를 국어사전에서 찾아보면 '어떤 일에 열렬한 애정을 가지고 열중하는 마음'이라고 설명되어 있다. 회사에서도 일을 마지못해서 하는 사람과 열정을 다하는 사람의 두 가지 타입이 있다. 일을 마지 못해서 하는 사람은 10년, 20년 아무리 시간이 흘러도 성공하지 못한다.

아널드 슈워제네거는 "나는 미래에 내가 원하는 지점에 서 있는 비전을 상상할 때 가장 큰 행복감을 느낀다. 그 비전은 상상 속에서 내 앞에 똑똑히 형상화돼 거의 현실처럼 느껴진다. 비전이 실현되는 것은 시간문제일 뿐이다."라고 말했다. 확고한 목표와 꿈을 가지고 실패를 반복하더라도 그것이 실현될 때까지 노력해야 한다. 실패하더라도 이미 내가 원하는 모습을 꾸준히 상상하면서 행복감을 느낀다면 성공은 정말 시간문제다.

인생에는 크게 3번의 기회가 찾아온다는 말을 많이 하는데 사실 알고 보면 그렇지 않다. 인생에는 적지 않은 기회들이 꾸준히 떠돌아다닌다. 하지만 그것을 볼 줄 아는 안목과 잡을 수 있는 능력은 공부와 상상을 통해서 실러진다는 점을 명심해야 한다. 하고 싶은 일의 공부를 하다 보면 내 안에는 상상했던 것 이상으로 무한한 능력이 있다는 것을 깨닫게 된다.

나는 책을 읽을 때 가장 행복하다. 그래서 일주일에 한 권 이상의 책은 꼭 읽는다. 하지만 언제부터인가 독서로는 해결되지 않는 갈증을 느꼈다. 그것이 무엇일까 많은 생각을 하며 찾은 결론은 책을 읽는 것에 그치는 것이 아니라 내가 읽고 깨달은 것들을 책으로 써서 함께 나누는 삶을 사는 것이라는 것을 깨달았다. 작가의 삶을 상상하니 가슴이 엄청나게 뛰었다. 목표와 꿈이 없이 사회의 시스템 안에서 누군가 시키는 일만 한다면 즐겁기 힘들다. 즐겁기는커녕 가슴 아픈 일들을 자주 경험하며 지내게 된다. 가슴이 뛰는 일을 한다면 가슴 아플 일이 없다. 가슴 아픈 일이 생기더라도 힘차게 뛰는 가슴은 언제든 나를 치유해주기 때문이다.

책을 쓰기로 마음먹고 책 쓰기를 가르쳐 주는 곳을 여기저기 알아보았다. 그중에서 내가 선택한 곳은 김태광 작가가 운영하는 '한국책쓰기성공학코칭협회' 다. 병원에 가면 환자가 흔하듯이 그곳에 가면 작가가 흔하다. 누구나 원하고 마음만 먹으면 작가가 될 수 있는 곳이다. 그곳에는 항상 활력이 넘치고 웃음이 넘친다. 모두 작가가 되고 싶어 만났지만 책 쓰기를 배우면서 더욱 원대한 꿈을 품게 되는 곳이다. 나는 그곳에서 만난 꿈 친구들을 좋아한다. 그리고 무엇보다도 김태광 작가를 만난 것을 큰 행운으로 여긴다.

마인드앤컴퍼니 양창순 대표의 『나는 외롭다고 아무나 만나지 않는다』에 이런 말이 나온다. "배고프다고 아무거나 먹지 마라. 맛도 모르고 배만 채우게 될 것이다. 외롭다고 아무나 만나지 마라. 누구에게라도 기대고 싶을 것이다. 해 질 녘에는 의자를 사지 마라. 그 어떤 의자도 편하게 느껴질 것이다."

책 쓰기를 배운 이후 나는 내 삶을 더욱 값지게 사용하려고 노력하고 있다. 아무거나 먹고, 아무거나 사고, 아무나 함부로 만나지 않으려고 노력한다. 언제나 나에게 최고의 것을 선물해야 한다는 것을 알게 되었다. 그리고 나를 사랑하고 내 책을 구매하는 독자들에게도 최고의 책을 선물하고 싶다는 욕심과 의무도 생겼다.

간절히 원하는 것은 정말 이루어진다. 2014년 4월 내 이름이 들어간 첫 번째 저서 『책을 쓴 후 내 인생이 달라졌다』가 출간되었다. 비록 여러 명이 함께 쓴 공저지만 그 책을 받아서 손에 든 그 순간은 말로 표현할 수 없을 만큼 정말 행복했다. 그리고 다짐했다. 이런 기쁨을 죽을 때까지 누리면서 살기로 말이다. 그리고 내가 느끼는 이런 행복을 누군가에게 전하는 삶을 살고 싶다는 마음도 간절하다.

인도의 정신적 지도자 마하트마 간디는 "인간은 오직 사고(思考)의 산물일 뿐이다. 인생은 생각하는 대로 되는 법이다. 당신의 믿음은 당신의 생각이 된다. 당신의 생각은 당신의 말이 되고, 당신의 말은 당신의 행동이 된다. 당신의 행동은 당신의 습관이 되고, 당신의 습관은 당신의 가치가 된다. 그리고 당신의 가치는 결국 당신의 운명이 된다."라고 말했다.

결국은 생각하는 것이 우리 자신이고 운명이다. 모든 일이 그렇지만 배워서 해보고 익숙해지기 전까지 쉬운 일은 없다. 책 쓰기 또한 그렇다. 창작 역시 고통이 따른다. 가끔은 책 쓰기를 포기하고 평범하게 살고 싶다는 생각이 나를 유혹한다. 그것은 30대가 되면 20대를 부러워하고, 40대가 되면 30대를 부러워 하는 감정과 비슷하다. 이유는 아직 가보고 경험하지 못한 곳에서 오는 두려움 때문이다. 두려움은 인생에서 가장 큰 적이다.

나는 매일 모든 면에서 점점 나아지고 있다고 자기암시를 한다. 그래서 원하는 것을 다 이룬 내 모습을 상상한다. 이것이 두려움을 없애는 나만의 방법이다. 인생에는 숨겨진 보물들이 많다. 공부를 통해서 그것을 찾는다면 인생은 소풍이 된다. 성공과 행복으로 가기 위해서는 두려움에도 불구하고 자신을 믿고 행동해야 한다. 누구에게나 마음속에는 자신을 도와주는 착한 거인이 있다. 공부와 상상으로 그 거인을 깨우면 소원은 이루어진다.

05
가슴이 설레이는
공부를 하라

『이상한 나라의 앨리스』에서 앨리스는 길을 잃고 헤매다 우연히 만난 고양이에게 도움을 청한다. 어느 쪽으로 가야 할지 방향을 물어보는 앨리스에게 고양이는 "그건 네가 어디를 가고 싶으냐에 따라 다르지."라고 말한다. 앨리스는 큰 고민 없이 어디든 상관이 없다고 답한다. 그러자 고양이는 다시 "그렇다면 어느 쪽으로 갈지도 중요하지 않겠네."라고 말한다. 어디로 갈지 모른다면 정말 이상한 나라로 가버리게 될 것이다. 인생에서 중요한 것은 적절한 시기와 속도뿐만 아니라 방향이 상당히 중요하다.

원하는 것이 뜻대로 되지 않고 실패를 반복하다 보면 가슴이 이끄는 대로 꿈꾸는 삶을 살고 싶다는 마음보다는 평범하게 살아야겠다고 마음이 굳어진다. 내가 가고 싶은 길이 아닌 남들이 가는 길, 사회의 시스템이 정해놓은 길을 자연스럽게 걸어가게 된다. 하지만 알고 보면 평범하게 사는 것이 더욱 힘들다.

『100달러로 세상에 뛰어들어라』를 출간한 사업가이면서 작가인 크리스 길아보는 '평균적인 사람이 되는 11가지 방법'에 대해서 말했다. 11가지 방법은 다음과 같다.

1. 사람들이 말하는 것은 그대로 믿어라.

2. 권위에 도전하지 마라.

3. 대학은 남들 다 가니까 가는 거다.

4. 주에 일하는 40시간 중 30시간은 책상에 앉아 있어라.

5. 해외여행은 편하고 안전한 곳만 가라.

6. 주택은 반드시 대출로 사고 평생 갚아라.

7. 외국어를 배우려 하지마라. 결국, 모두 우리말(영어)을 쓸 거니까.

8. 책을 써볼까 생각만 해라.

9. 사업하는 걸 생각만 해라.

10. 튀지 말아라.

11. 시키는 것만 해라. 주어진 것만 선택해라.

이렇게 사는 것이 평범하게 평균적으로 사는 삶이다. 이런 인생에 의미가 있을까? 인생은 한 번뿐이다. 남들이 시키는 일만 평생 하면서 살기보다는 한 번쯤은 내 가슴이 시키는 일을 하면서 살아야 한다. 평범하게 사는 것은 외부환경의 탓이 아니다. 모두 자신의 탓이다. 흘러가는 세상에 나 자신을 그냥 방치한 내 탓이다. 가슴이 뛰는 일을 하지 않으면 남들이 만들어 놓은 판 위에서 가슴 아픈 일만 경험하면서 살 수밖에 없다.

크리스 길아보는 평균적으로 사는 삶에서 책을 써볼까 생각만 하라고 했지만 나는 과감하게 행동으로 옮기기로 마음먹었다. 이 세상에서 내가 정말 좋아하는 한 가지를 말하라면 나는 망설임 없이 책이라고 말할 것이다. 앞으로 남은 인생을 가슴이 이끄는 대로 하고 싶은 일을 하면서 이 세상에 태어난 소명을 다 하면서 살 것이다. 그것은 내가 쓴 책을 통해서 독자들에게 나만의 메시지를 전달하여 기쁨과 감동을 주는 삶이다. 독자들이 긍정적으로 변화하면서 지속해서 성장한다면 그것은 나에게 가장 큰 기쁨과 감동이 될 것이다.

누구보다 파란만장한 인생을 살아온 오프라 윈프리는 1993년 스펠먼 여자대학 졸업식에서 다음과 같이 말했다. "과거에 무슨 일이 있었는지는 아무런 문제가 되지 않습니다. 그런 것들은 전혀 상관없습니다. 문제는 여러분이 어떤 사랑을 선택할 것인지, 직장이든 가정이든 여러분이 세상에 공헌하고자 하는 분야에서 어떻게 그 사랑을 표현할 것인지 하는 것입니다."

나는 현재 아침에 출근하고 저녁에 퇴근하는 평범한 직장인이다. 하지만 지금의 회사에 입사하기 전에는 대리운전기사로 1년 가까이 일하기도 했다. 밤과 낮이 뒤바뀐 대리운전기사 생활을 하면서 처음 3개월은 평소에 접하기 힘든 외제차들까지 직접 운전하는 재미에 피곤함을 몰랐다. 워낙 차를 좋아하고 운전을 좋아하기 때문에 그 두 가지를 동시에 경험할 수 있는 대리운전은 천직처럼 느껴지기도 했다.

새로운 직장을 구하기 위해서 임시방편으로 시작한 대리운전은 만취한 취객이 아닌 이상한 손님을 상대하는 것에 문제는 없었다. 손님 중에는 택시기사에게 이런저런 넋두리를 하듯이 대리기사인 나에게 스트레스받았던 일들을 털어놓으며 무사히 집에 도착하면 얘기를 들어준 것만으로도 고마운지 팁을 더 주는 경우도 많았다.

하지만 같은 시간을 일하더라도 밤에 일하는 것은 피로도가 더 높았다. 대리운전을 시작하고 6개월이 지났을 무렵부터 몸이 축나는 것을 느꼈다. 점점 몸에 기운이 없어지고 보약을 먹어야겠다는 생각이 저절로 들었다. 하루빨리 정상적으로 오전에 출근하고 저녁에 퇴근하는 일을 해야지 내가 살 수 있겠구나! 그런 마음으로 구직활동을 하던 중 지금 다니는 회사에 입사해서 10년 넘게 다니고 있다.

현재는 사무직으로 있지만 처음 시작한 일은 현장에서 배송과 픽업을 담당하는 배달 업무였고 8년 가까이 담당했다. 대리운전의 경험을 살려 고객을 대하는 서비스에는 자신이 있었다. 또한, 운전에도 자신이 있었다. 대리운전에서는 경험해보지 못한 화물차의 운전은 또 다른 재미였다. 특히 공항을 오가는 3.5톤 트럭의 운전은 처음에는 적응이 힘들었지만, 적응이 된 후에는 오히려 작은 차보다 쉽고 편했다.

배달이라는 직업은 분명 재미있고 보람이 있는 일이다. 이름만 대면 알만한 국내 대기업들과 외국계 회사들을 방문하면서 직원들을 알고 분

위기를 체험하는 것도 재미 중에 하나다. 그리고 국내 회사들이 사업이 잘되어 수출물량이 많아지면 업무적으로는 힘들지만 크게 생각하면 내가 다니는 회사에도 이익이고 국가 경제에도 도움이 되는 일이니 보람이 넘쳤다.

하지만 익숙해진 일에서는 언제부턴가 설렘을 느끼기가 힘들었다. 입사 초기에는 회사의 로고만 봐도 가슴이 뛰고 기분이 좋았는데 점점 그런 느낌이 약해져 가는 것을 감지하면서 앞으로의 인생에 대해 진지하게 생각해보게 되었다. 여러가지문제연구소장인 문화심리학 박사 김정운 교수는 그의 저서 『남자의 물건』에서 '설렘'을 다음과 같이 정의했다. "가슴이 뛰고, 자꾸 생각나고, 목표가 이뤄지는 그 순간이 기대되는 그 느낌을 우리말로는 '설렘'이라고 한다."

서른 중반 이후 나를 평생 설레게 할 수 있는 일은 과연 무엇일까 끊임없이 찾아보고 고민하다가 서른일곱의 어느 날 김태광 작가의 『마흔, 당신의 책을 써라』를 읽게 되었다. 그리고 정말 내가 원하는 것과 나를 설레게 하는 것은 독서를 통해서 길을 찾는 것이 아니라 책을 써서 세상에 선한 영향력을 행사하는 것임을 깨달았다.

책 쓰기로 마음을 먹은 다음부터는 아침 출근길이 즐겁고 하루하루가 기대된다. 책 쓰기에서는 에피소드가 상당히 중요한 부분을 차지하는데 오늘은 어떤 일이 펼쳐질지 어떤 에피소드가 생길지 하는 호기심 때문이다. 힘들고 괴로운 일도 지나가면 모두 에피소드가 되리라.

평범하게 사는 것이 과연 좋은 것인지, 앞으로 어떻게 살아야 하는지, 내가 꿈꾸는 삶은 어떤 삶인지 등에 대해서 진지하게 생각해 보아야 한다. 회사를 다니더라도 누구나 한 가지씩은 자신이 정말 하고 싶은 다른 일이나 관심분야가 있을 것이다. 나는 그것을 찾았다. 바로 책 쓰기다. 작가가 되는 것이다. 여러분도 가슴이 설레이는 공부를 찾기 바란다.

공부로 지금
이 순간을 살아라

    예순한 살의 로커 전인권. 록밴드 들국화의 보컬리스트이자 록과 팝을 넘나드는 솔로 가수이기도 한 그는 지금도 연습에 몰두하고 틈틈이 기타를 공부하고 있다. 노래와 음악에서는 대가이기도 하고 살아있는 전설이기도 한 전인권은 최근 어느 인터뷰에서 "나는 핸드폰이 아니다. 핸드폰은 기능이 다 되면 버리지만 나는 전설이니까 계속 공부를 해야 한다. 사람은 끝까지 자신의 행복과 만족을 위해서 공부를 해야 한다."라고 말했다. 조금이라도 더 발전하고 조금이라도 더 행복하고 만족감을 느끼기 위해서 그는 나이에 상관없이 계속 공부한다.

    그동안 전설로 쌓아 온 명성은 과감하게 내려놓고 비트와 리듬 하나

하나에 신경을 쓰면서 음악을 듣는 공부에도 열심이다. 아직도 그는 자신이 음악적으로 성장할 수 있다는 강한 믿음이 있고 열정이 있다.

"요즘 후배들에게 하고 싶은 말은 음악에 미쳤으면 좋겠다는 거예요. 인기는 가수를 바쁘게는 하지만 언제나 행복하거나 즐겁게 만들지는 않아요. 항상 음악을 생각하고 공부하면 인기에 크게 연연할 필요 없이 언제나 자기 자신을 풍족하고 즐겁게 만들 수 있죠."

전인권의 인생은 굴곡이 많고 낙차가 큰 인생이었다. 하지만 그는 그것을 가족의 힘으로 슬기롭게 극복했고 새로운 인생을 살고 있다. 그의 꿈은 유튜브를 통해서 전 세계에 내놓아도 꿀리지 않는 음악을 하는 것이다. 다시 말해 세계적인 노래선수가 되는 것이다. 전인권의 앞으로 5년 계획은 공연에 올인하는 것이다. 2012년 지산록페스티벌과 2013년 펜타포트록페스티벌 등에서 공연하면서 젊은 세대와의 교감에 매력을 느꼈다. 그는 들국화를 추억하는 팬들에게도 젊은 기운을 불어넣고 싶다는 소망이 있다. "예전에는 철저하게 날 위해 노래했어요. 그런데 언젠가부터 달라지기 시작하더라고요. 이제는 사람들과 어우러지는 가수가 돼가고 있어요." 그는 환갑도 지났고, 손녀도 있지만, 초심으로 돌아가서 매일 연습하고 공부한다. 노래에 대한 열정만은 누구한테 지지 않는 청춘이다.

공부는 이렇게 환갑이 지났어도 열정적으로 살 수 있게 해주는 에너지 그 자체다. 공부하기로 마음을 먹었다면 어떤 공부가 좋을지 행복한 고민을 하게 된다. 하지만 걱정할 필요는 없다. 일단 마음을 먹었다는 것이 중요하다. 그러면 우리의 잠재의식은 우리가 바라는 것을 자연스럽게 연결해준다. 다양한 강좌와 세미나 정보 그리고 수많은 책 중에서도 진정 나에게 필요한 것이 끌려올 것이다.

중요한 것은 전설 전인권도 언급했듯이 철저하게 날 위한 공부가 아니라 여러 사람과 어우러지기 위한 진심을 담은 공부를 해야 한다는 사실이다. 긍정의 에너지 전문가이자 베스트셀러 작가인 존 고든의 『뉴욕 111번가의 목수』에 이런 내용이 나온다.

만약 사업하고 있다면 '성공'에 맞춰졌던 초점을 바꿔 보세요. 그리고 사업을 통해 다른 사람들을 사랑하고, 섬기고, 일으켜 세우는 데 집중해보십시오. 이렇게 하면 당신은 성공에 이를 뿐 아니라 상상도 하지 못했던 방식으로 사업이 번창할 것입니다.

당신 인생에서 가장 중요한 첫 번째 임무는 사람들을 판단하고 평가하는 일이 아니라, 그들이 무엇을 하든 성공하도록 도와주는 일입니다. 달리 말하면 성공은 함께 나눠 가져야 하지요.

나를 포함한 평범한 직장인들을 위해서 '사업을 통해'라는 원문의 표현을 '공부를 통해'라는 말로 바꾸고 싶다. 공부를 통해서 얻은 지식과 지혜로 사람들을 사랑하고, 섬기고, 일으켜 세우는 데 집중한다면 진정으로 살아있는 기쁨을 느낄 수 있다. 이것을 가장 잘 실천한 사람 중 한 명은 경영학의 아버지 피터 드러커다. 그의 전공은 법학이었지만 그는 법학 이외에도 역사학, 미술학, 종교학 등 배움의 분야를 계속 확장했다. 그리고 결국 방대하고 깊이 있는 공부를 통해서 최고의 경영학자로 존경

받는 인물이 되었다.

드러커는 90대가 된 이후에도 셰익스피어 전집을 전부 다시 읽었고, 명나라 시대의 중국미술에 대한 공부를 시작한 것으로도 유명하다. 그는 "지극히 평범한 인간이라도 다층적, 다각적으로 배움을 거듭한다면 희소가치가 있는 지식노동자가 될 수 있다."고 말했다.

죽을 때까지 배움을 거듭하고 거듭한다면 우리는 넘버원을 넘어서 온리원이 될 수 있다. 대체할 수 없는 유일무이한 존재가 될 방법은 지속적인 공부다. 강점을 강화하여 자기변혁을 이루고 꾸준히 성장궤도를 그리는 사람이 지식노동자다. 변화무쌍한 세상에서 지식노동자로 살면서 사람들을 사랑하고, 섬기고, 일으켜 세우는 일을 하는 것이 나의 꿈이다. 뛰어난 스펙은 없지만 나는 부족한 것과 배우고 싶은 것들을 죽을 때까지 공부하면서 크게 성공하고 싶다. 그래서 성공의 롤모델이 되어 용기와 희망 없이 사는 많은 사람이 성공하도록 돕고 싶다. 그리고 성공한 만큼 더 많이 베풀면서 살고 싶다.

성공의 발판을 마련하기 위해서 나는 책을 쓴다. 지금 쓰는 이 책과 앞으로 내가 쓸 책들은 나를 메신저의 삶으로 이끌어 줄 것으로 믿는다. 자신이 설립한 엑스퍼트아카데미를 통해서 코칭과 컨설팅을 하는 브렌든 버처드는 동기부여 전문가이며 백만장자 메신저다. 그의 저서 『메신저가 되라』는 누구나 경험과 지식을 나누며 평생 성장할 수 있다고 이야기한다.

버처드는 어느 날 친구 케빈이 운전하는 차를 타고 집으로 돌아가던 길에 교통사고를 당했다. 그들이 탄 차는 도로를 벗어나 빙글빙글 돌다가 물을 대려고 만들어 놓은 수조와 충돌했다. 차는 그 충격으로 공중으로 튕겨 올라갔다. 눈을 계속 감고 있던 버처드는 그 순간 죽음을 느낀 동시에 생생하게 그가 지나온 인생을 보았다. 큰 충격을 전해주며 차가 땅에 떨어졌을 때 그는 잠시 의식을 잃었지만, 정신을 수습하고 살아있음을 느낀 후 감사와 감격으로 가슴이 벅찼다. 그는 두 번째 삶을 살 수 있는 티켓을 건네받은 것만 같았다고 한다. 그는 책에서 이렇게 말했다.

내가 받은 '인생의 두 번째 티켓'을 다른 사람들에게도 나눠주고 싶었다. 삶을 마칠 때는 누구나 세 가지 질문을 자신에게 던지게 됨을 이야기해주고 싶었다. 나는 정말 인생을 충분히 만족스럽게 살았는가? 주변 사람들을 충분히 사랑하고 보살피고 그들에게 감사했는가? 내 마음속 깊은 곳에는 삶의 목적이 있었는가? 이 질문들이 나를 영원히 바꿔놓았고, 열정과 목적이 이끄는 길로 들어서게 했다는 것을 모두에게 알게 해주고 싶었다.

버처드는 교통사고에서 깨달은 자신의 경험을 사람들과 나누기 시작하면서 메신저의 삶을 살고 있다. 그리고 이제는 그만의 메시지로 사람들에게 영감을 불러일으키며 더욱 큰 가치를 만들어내는 백만장자 메신저가 되었다. 대부분의 사람은 자신의 인생과 경험을 과소평가하는 경향이 있다. 하지만 누구에게나 살아온 인생은 소중하며 그 경험들이 다른 사람들에게는 의미 있고 가치가 있어서 어떻게 전달하느냐에 따라서 대가를 받을 수도 있다.

이제부터라도 내가 항상 열정을 가지고 있는 주제에 대해서 꾸준히 공부하고 경험을 축적하기 바란다. 그것은 살아있음을 느끼게 해주는 동시에 메신저의 삶도 가능하게 해줄 것이다.

07
성공의
문을 여는 평생공부

성공 – 랄프 왈도 에머슨

자주 그리고 많이 웃는 것
현명한 이에게 존경을 받고
아이들의 호감을 사는 것.
솔직한 비평가들의 인정을 받고
미덥지 못한 친구의 배반을 참아내는 것.
아름다움을 식별할 줄 알며
다른 사람에게 최선의 것을 발견하는 것.

건강한 아이를 낳든 한 떼기의 정원을 가꾸든

사회 환경을 개선하든

자기가 태어나기 전보다 세상을 조금이라도

더 살기 좋은 곳으로 만들어 놓는 것.

자신이 이곳에서 살았음으로써 한 사람이라도 더 행복해지는 것.

이것이 진정한 성공이다.

좋아하는 시 중에 하나다. 에머슨은 미국의 철학자이자 시인이다. 오바마 대통령은 자신에게 가장 큰 영향을 준 인물로 에머슨을 꼽았다. 이 시에서 내가 가장 좋아하는 구절은 '자기가 태어나기 전보다 세상을 조금이라도 더 살기 좋은 곳으로 만들어 놓는 것. 자신이 이곳에서 살았음으로써 한 사람이라도 더 행복해지는 것. 이것이 진정한 성공이다.' 라는 마지막 문장이다.

누군가 나에게 꿈을 물어보면 나는 나로 인해 한 사람이라도 더 행복해지도록 하는 것이라고 대답한다. 내 버킷리스트 안에는 이루고 싶은 많은 소망이 담겨 있지만, 그 근본을 이루고 있는 것은 나로 인해 누군가 단 한 명이라도 행복을 느끼게 하고자 하는 마음이다. 나로 인해 행복해지는 사람들이 많았으면 좋겠다. 내가 쓴 책들을 통해서 사람들이 행복을 느꼈으면 좋겠다. 그리고 언젠가 내가 창업을 한다면 단 한 사람의 고객이라도 더 행복하게 만들어 주기 위해서 노력하는 회사로 만들고 싶다.

30대에 자수성가해서 람보르기니를 타고 다니는 사업가인 엠제이 드마코는 그의 저서 『부의 추월 차선』에서 '천천히 부자 되기'에 일침을 가한다. 그리고 치킨집 창업이든 카페의 창업이든 우리가 꿈꾸는 제2의 인생은 정년 퇴임 이후가 아닌 젊은 나이에도 실현할 수 있다고 말한다. 하지만 명심해야 할 것은 모든 성공은 저절로 이루어지지 않는다는 것이다. 한순간에 백만장자가 된 듯 보이는 청년들의 뒷이야기를 살펴보면 또래의 누구보다도 힘들고 눈물겨운 시간이 분명히 존재했다.

드마코는 부를 향한 여정에서 3가지 길을 제시했는데 그 3가지는 인도, 서행 차선, 추월 차선이다. 쉽게 말하면 인도는 가난하게 사는 길이고, 서행 차선은 평범하게 사는 길이고, 추월 차선은 부자로 사는 길이다. 서행 차선에서 인도로 차선을 바꾸는 것은 어렵지 않다. 하지만 서행 차선에서 추월 차선으로 갈아타는 것은 노력이 필요하다. 누구나 노력하면 추월 차선으로 갈 수 있지만, 시도조차 하지 않는다. 이미 서행 차선의 삶이 익숙하고 편해서다.

하지만 서행 차선의 수익률이 마이너스 60%라는 사실을 깨닫는다면 당장에라도 추월 차선으로 바꾸고 싶을 것이다. 서행 차선을 달리고 있다는 것은 일주일 중 5일을 근무하고 2일을 쉬는 거래를 받아들였다는 것이다. 2일의 자유를 위해서 5일을 팔아버린 이 거래의 수익률은 마이너스 60%다. 이 거래의 결과를 인식하지 못하는 이유는 돈에 관한 계산은 평소에도 많이 해서 수익률을 파악하기가 쉽지만, 시간에 대한 계산은 해본 적이 없어서다.

드마코가 람보르기니를 갈망하게 된 것은 뚱뚱한 10대 시절부터다. 그는 어렸을 적 친구도 별로 없었고 집에서 뒹굴면서 TV 보는 것을 좋아했다. 그래서 군것질을 즐겼는데 아이스크림도 그가 좋아하는 메뉴 중 하나였다. 어느 날은 아이스크림을 사러 아이스크림 가게를 향해 걸어가다가 가게 앞에 주차된 람보르기니를 발견했다. 람보르기니 카운타크였다. 그 차는 그가 잡지에서 볼 때마다 침을 흘리면서 감상한 바로 그 차였다.

넋을 잃고 차를 감상하던 중 누군가 아이스크림 가게에서 걸어 나왔다. 청바지에 셔츠를 입은 25살 정도로 보이는 청년이었다. 어린 드마코는 그가 람보르기니의 주인일 거라고는 짐작도 하지 않았다. 그는 차의 주인으로 머리가 희끗희끗하고 주름이 있는 남자를 상상했다. 하지만 뜻밖에도 그 청년이 주인이었다. 살짝 충격을 받은 어린 드마코는 어디에서 그런 마음이 생겼는지 모르겠지만, 그에게 직접 직업이 무엇인지 물어보고 싶은 충동을 느꼈다.

"저기 실례합니다만…. 직업이 뭔지 여쭤도 될까요?"

남자는 친절하게 대답했다. "발명가란다."

람보르기니를 마주친 짧은 90여 초의 시간으로 인해서 그도 언젠가는 람보르기니의 주인이 되겠다고 다짐하게 된다. 그리고 그는 젊은 나이에 백만장자가 된 사람들을 연구하기 시작했다. 그것은 추월 차선을 찾기 위한 여정의 시작이었다. 그는 여정을 시작하면서 시간을 허투루 쓰지 않기로 했다. 그리고 도움이 될 만한 지식이라면 무엇이든지 습득했다.

드마코는 서행 차선을 벗어나 부와 자유를 빠르게 얻고 싶다면 직업을 버리라고 말한다. 망할 직업을 당장 버리라고 강하게 주장했다. 하지만 차선을 바꾸기 위해서는 주변 상황을 살피고 끼어들 수 있는 최소한의 시간이 필요하다. 그런 준비 없이 끼어든다면 사고가 난다. 직업을 가지고 있는 현재 상황을 감사하게 여기고 충분히 활용하는 현명함이 필요하다.

아인슈타인은 "교육은 학교에서 배운 것을 모두 잊은 후에도 남는 것이다."라고 말했다. 추월 차선을 힘차게 달리기 위해서는 주기적으로 엔진오일을 새것으로 교체해야 한다. 추월 차선을 달리기 위한 엔진오일은 지식이며 이는 공부를 통해서 얻을 수 있다.

『부의 추월 차선』에는 다음과 같은 문구가 있다.

인도를 걷는 사람들은 엔진오일이 필요 없다. 3,000마일쯤 걷는 것으로 충분하기 때문이다. 학교 졸업장을 딴 것이 마지막으로 엔진오일을 교체한 시점이다. 서행 차선을 달리는 차들은 내재가치를 끌어 올리려는 명백한 목적을 위해 엔진오일을 교체한다. 더 많은 연봉을 받기 위해 무엇이 요구되는가? 고등교육과 자격증이다. 추월 차선을 달리는 차들은 폐차장에 가기 직전까지 엔진오일을 교체한다.

젊은 나이에 부자가 되는 것과 늙어서 부자가 되는 것 중 하나를 선택하라면 어느 것을 고를 것인가? 선택은 우리 모두 같을 것이다. 젊은 나이에 부자가 되는 것이다. 에머슨이 표현한 성공에 충분히 공감하는 사람일수록 젊은 나이에 부자가 되어야 한다. 그래야 늙은 나이에 부자가 된 사람에 비해서 세상에 영향력을 행사할 수 있는 기간이 길어질 테니까 말이다. 그 기간이 길어진 만큼 행복하게 해줄 수 있는 사람들 또한 당연히 많아질 것이다.

차를 좋아하는 나는 람보르기니 우라칸의 소유주가 되고 싶다. 개인적으로 우라칸의 색은 빨간색이 예뻐보인다. 드마코처럼 나도 람보르기니를 욕망하고 있다. 이 책을 읽는 독자들 모두 평생공부를 통해 추월 차선에서 람보르기니를 운전하는 차주가 되기를 진심으로 바란다.

08
평생공부로
내 브랜드를 키워라

삼성그룹 이건희 회장의 비상은 30세가 되던 1971년부터 시작되었다. 그는 미국 조지워싱턴대학 유학 후 귀국해서 삼성그룹의 경영을 이어받을 진정한 후계자가 없다는 현실을 깨닫고 스스로 후계자가 되기로 했다. 그의 진짜공부, 평생공부는 그때부터 시작되었다.

이건희는 1974년 파산 직전에 직면한 한국반도체를 인수하기로 하고 사재를 터는 승부수를 던졌다. 왜냐하면, 당시 이병철 회장과 삼성의 어느 임원들도 동의하지 않았기 때문이다. 반도체 산업은 일 년 365일 전기와 물의 공급이 끊이지 않고 안정적으로 공급되어야 가능하다. 하지만 1970년대의 한국은 반도체 산업을 육성하기에 국가적인 기반이 취약했다.

사재를 털어서 한국반도체를 인수한 이건희는 거의 매주 일본으로 날아갔다. 반도체를 직접 공부하기 위해서 일본의 반도체 기술자들을 만나러 다닌 것이다. 부하 직원을 시켜도 될 만한 위치에 있음에도 불구하고 그는 그렇게 직접 공부를 했다. 때로는 일본인 반도체 기술자들을 토요일에 몰래 불러서 밤새 가르치게 한 후 일요일에 돌려보내기도 했다. 배움에 대한 그의 열정은 정말 대단했다.

이건희는 반드시 된다는 성공자의 마인드로 모든 일을 추진했다. 그리고 부족한 부분은 전문가에게 직접 배우면서 궁금증을 풀어나갔다. 삼성전자라는 국가적인 브랜드 신화를 이룬 밑바탕에는 그의 열정적인 삶의 자세가 녹아있으며 삼성이 일류기업이 된 것은 결코 우연이 아니다. 그의 DNA가 삼성 구석구석에 살아 숨 쉬고 있어서 가능한 일이다.

출근 전이나 후에 자기계발을 하려고 학원으로 향하는 직장인들이 많다. 자기계발의 유형에는 여러 가지가 있겠지만, 대부분은 영어가 아닐까 한다. 비영어권의 나라에서 영어를 잘하기 위해서는 평생 영어공부를 해야 한다고 한다. 과연 영어만 잘 하면 인생은 성공 가도를 달리는 것을 보장해줄까?

사실 성공한 사람들은 남들이 다하는 그런 공부가 아닌 자신을 차별화시키고 브랜드화 시킬 수 있는 공부에 더 관심을 두고 집중한다. 그들은 남다른 배움을 얻기 위해서 치열하게 노력한다고 할 수 있는데 자신에게 꼭 필요한 공부라면 거액을 들여서라도 배운다는 것이 특징이다. 조금 극단적으로 말하면 대출을 받아서까지 전문가를 통한 공부에 투자한다.

하지만 주변에서 쉽게 찾아볼 수 있는 유형의 직장인으로는 대학원에 가기 위해 학자금 대출을 받거나, 집이나 차를 좀 더 좋은 것으로 갈아타기 위해서 대출을 받거나, 주식투자를 위해서 대출을 받는 경우가 대부분이다. 이런 경우가 잘못되었다거나 나쁘다는 의미가 아니다. 대부분의 평범한 직장인들이 그렇다는 것이다. 우리가 이건희를 통해서 명심해야할 것은 성공자의 마인드와 전문가를 통해서 하는 배움의 방법 그리고 공부에 대한 열정이다.

10년 이상 회사생활을 했다면 당신을 믿고 따르는 후배들이 한두 명은 있을 것이다. 그들이 당신을 믿고 따르는 것 이상으로 당신을 존경하고 멘토로 여긴다면 대단히 감사할 일이다. 당신에게 무한신뢰와 관심을 보이는 그들에게 해야 할 일은 당신의 배움에 대한 열정으로 그들을 계속해서 뜨겁게 만드는 것이다. 그러기 위해서는 철저한 자기관리가 필요하다. 당신 또한 당신에게 지혜와 경험을 나눠줄 멘토를 열심히 찾고 열심히 배워야 한다.

그리고 그 멘토가 때로는 후배가 될 수도 있음을 겸허하게 받아들이자. 자신보다 지식과 지혜가 앞선다면 나이를 불문하고 머리를 숙일 줄 알아야 한다. 만약 그런 상황에 부닥치게 된다면 자신을 유비라고 생각하면 마음이 편해진다. 삼국지에서 유비는 자신보다 어린 제갈공명을 찾아가 세 번이나 머리를 숙이면서 자기 사람으로 만들었다. 배움 앞에서는 겸손이 최고다.

평소 '수줍은 황태자'로 불릴 정도로 조용한 성격의 이건희 회장이지만 1993년에는 달랐다. 1993년 1월 신년사에서 "지금 당장 변하지 않으면 삼성은 곧 망한다."라는 메시지를 전했고, 그해 6월에는 프랑크푸르트에서 삼성 신경영을 출범시켰다. 그는 신경영 출범을 선언한 이후 직원들을 위한 강의에 많은 투자를 했다. 구조적인 문제는 근본에서부터 해결을 해야 하는데 그 근본은 다름 아닌 사람의 마음속에 있다고 생각했기 때문이다. 강의를 통해서 직원들의 사고방식을 확실하게 변화시키려고 했다.

프랑크푸르트 선언 이후 삼성그룹이 삼성을 변화시키기 위해서 쓴 금액은 약 1억 달러로 당시 환율로 환산을 해보면 820억 원 정도 된다. 이는 1993년도 삼성그룹의 총순이익에서 30% 정도에 해당하는 금액이다. 강의에 대한 이건희의 열정은 변화된 삼성으로 보답을 받았다. 1988년 1조 원이던 삼성그룹의 시가총액은 2013년 말 기준 302조로 300배 넘게 상승했다. 자기계발에 대한 투자와 사고방식의 변화를 통해서 맺은 놀라운 결실이다.

10년 이상 회사생활을 하면 애정은 있지만, 열정은 식는 경우가 많다. 신입사원 시절에는 회사 이름만 들어도 열정이 활활 타올랐을지 모르지만, 이제는 그것이 쉽지 않다. 그렇다고 회사를 탓해서는 안 될 일이다. 회사는 언제나 한결같다. 10년 전에 회사 이름만 들어도 열정을 활활 타오르게 한 것은 우리 자신이다. 그리고 10년이 넘어 그 불을 점점 식어가게 한 것 또한 우리 자신이다. 그리고 그 불을 다시 뜨겁게 살릴 수 있는 것 또한 우리 자신이라는 것을 명심하기 바란다. 이건희 회장은 "결론은 한 가지다. 나 자신이 안 변하면 아무것도 안 변한다는 것이다. 변하는 것이 일류로 가는 기초다."라고 말했다. 전문가로 거듭날 수 있는 평생공부를 찾고 과감하게 거액을 투자하라. 월급에서 30% 이상을 자기계발에 투자하는 것은 큰 맘을 먹지 않고는 힘든 일이지만 도전해볼 만하다. 그 공부를 통해서 자신의 한계를 넘어선다면 당신은 회사 안에서나 회사 밖에서나 브랜드가 되어있을 것이다.

이건희 회장의 삶은 20대 후반인 1968년부터 40대 중반인 1987년까지 공부로 가득 차 있다. 전문가 수준으로 책을 읽는 것은 기본이었고, 이병철 회장을 보필하면서 새벽부터 저녁까지 경영, 역사, 정치, 상식 등 다방면으로 넓고 깊이 있는 공부를 했다. 삼성그룹의 부회장이 되어서도 골프를 치거나 연예인과 어울려 노는 대신 공부를 했다. 회장에 올라서도 그의 공부는 멈추지 않았다. 2002년은 삼성전자가 일본의 소니를 이긴 해이지만 이건희 회장은 일본으로 날아가 일본의 경제학자들을 만나서 공부했다. 그리고 삼성사장단을 이끌고 '50시간 연속 회의'를 했다. 회의는 삼성전자를 2010년까지 소니와 GE 등과 같은 일류기업으로 만들고 구체적인 전략을 수립하기 위함이었다. 승리에 도취하지 않고 끊임없이 앞만 보며 채찍질해 나가는 경영스타일이 지금의 삼성을 만든 것이다.

세상에서 가장 지혜로운 사람은 자신보다 뛰어난 사람의 지혜를 빌려서 쓰는 사람이다. 이건희 회장은 그 사실을 알고 있었고 지독한 공부로 그것을 실천하면서 살았다. 당신이 세상의 주인공이 되고 싶다면 이건희 회장과 같이 공부에 미쳐야 한다. 평생공부는 쉽지 않고 고통스럽기까지 하다. 하지만 평생공부의 자세로 회사업무에 임한다면 근무시간은 월급을 받기 위해서 노동력을 제공하는 시간이 아니고 무언가를 배우는 시간으로 변한다.

인생에서 변화와 혁신을 원한다면 과거의 나와 결별해야 한다. 변화와 혁신을 열망하면서 뜨거운 마음으로 평생공부를 시작하라. 이건희 회장은 "공부해야 한다. 하루 2시간씩 덜 자고 공부해야 한다. 변해야 한다. 어떻게 변해야 할까? 행동으로 변해야 한다. 하지만 행동해 봐야 모르면 아무 소용없다. 그렇기 때문에 공부해야 한다."라고 말했다. 평생공부의 위대함을 알기에 했던 말이다. 평생공부로 자신의 브랜드를 키우고 세상의 주인공이 되자. 인생은 내가 공부한 것들의 결과다. 세상은 항상 공부하고 깨달은 자들의 명령을 기다리고 있다.

직장인 **자기혁명** 공부법

2015년 06월 5일 1판 1쇄 인쇄
2015년 06월 10일 1판 1쇄 펴냄
지은이 | 장계수
사   진 | 김정재
발행인 | 김정재, 김재욱
펴낸곳 | 나래북 · 예림북
등록 | 제313-2007-27호
주소 | 서울 마포구 독막로 10(합정동) 성지빌딩 616호
전화 | (02) 3141-6147
팩스 | (02) 3141-6148
이메일 | naraeyearim@naver.com

ISBN 978-89-94134-41-3 03320